CENT NOUVELLES RECETTES,
TOUT À LA VAPEUR DOUCE

DU MÊME AUTEUR

CHEZ LE MÊME ÉDITEUR

Guide pratique de gastronomie familiale, Paris, 2003.

Christine Bouguet Joyeux

Préface du Professeur Henri Joyeux

CENT NOUVELLES RECETTES, TOUT À LA VAPEUR DOUCE

François-Xavier de Guibert
3, rue Jean-François Gerbillon, 75006 Paris

ISBN : 978-2-7554-0019-9

SOMMAIRE

PRÉFACE

du professeur Henri Joyeux

Chirurgie Digestive et Nutrition, Cancérologue à la Faculté de Médecine de Montpellier

Après le « Guide pratique de Gastronomie familiale », voici un petit livre entièrement consacré aux recettes qui élargit encore votre horizon nutritionnel et gastronomique. Je sais déjà que ces plats charmeront votre palais. Votre estomac en sera ravi, tout votre organisme sera nourri dans les meilleures conditions, finis les ballonnements et les ennuis de transit.

Votre santé et celle de toute la famille n'en seront que meilleures : l'acné de vos ado sera fortement réduit, comme la boulimie des n'importe-quoi nutritionnels qui vous stressent et vous fatiguent, la déshydratation des personnes âgées, les problèmes de ménopause ou d'andropause... Tout le monde s'y retrouve.

Bien portant ou convalescent vous avez dans ce petit livre un vaste choix de recettes à la Vapeur douce.

Je confirme, cette cuisson est idéale pour tous vos aliments, elle préserve leurs qualités et élimine les éventuels toxiques. C'est simple, rapide, à la portée de tous.

Essayez. Vous ne pourrez plus vous en passer. Vos enfants s'y mettront et ils convaincront vite leurs amis.

Mais attention : quand ils partent à l'étranger, c'est avec votre cuit vapeur. Parce que vous voulez qu'ils restent en bonne santé, vous ne résisterez pas !

Bon appétit à toute la famille.

INTRODUCTION

LA VAPEUR DOUCE, CUISSON IDÉALE POUR LA SANTÉ DE TOUTE LA FAMILLE

A quoi bon rechercher les meilleurs des aliments, les plus riches en nutriments, si l'on doit tout détruire en les cuisinant ? Telle est la question que posent aujourd'hui les techniques de préparation ou transformation des aliments, qui ruinent leur biodisponibilité, **c'est-à-dire la meilleure utilisation par l'organisme,** et notre santé.

Les exigences familiales : Manger mieux et meilleur, peu cuisiner, sans réduire... finances ni santé

L'explosion des maladies du métabolisme, de l'immunité, des intolérances et des allergies, les carences accumulées et le stress engendré par un mode de vie accéléré sur lequel nous avons de moins en moins de prise, ont fait prendre conscience des engrenages dans lesquels la recherche de la facilité et de l'efficacité nous ont progressivement entraînés. C'est la malnutrition moderne.

La diététique ne s'est pas penchée sur les effets des techniques industrielles auxquelles nous devons la révolution de l'alimentaire : conserves, raffinage, plats cuisinés, techniques de culture et moyens de cuisson ultra-sophistiqués, ont un effet délétère sur les nutriments que nos aliments contiennent, et sont à l'origine de nos carences et/ou de nos surcharges nutritionnelles.

Mais il n'est pas difficile d'y remédier : de nombreux troubles et dérèglements de notre système digestif sont très vite améliorés par le simple changement de nos habitudes de préparation et de cuisson. Une redécouverte des bons repères nutritionnels est en marche.

Un défi : découverte et transmission

Nous voulons retrouver le fil de notre bien-être et de notre santé un moment perdue, changer nos habitudes de cuisson et de nutrition relativement récentes, sans revenir à la cuisine compliquée et fastidieuse, à la poule au pot et aux marmites de nos arrières grand-mères ?

Aucun risque de retour en arrière, mais au contraire une dynamique de découverte et de transmission : car cette façon de cuisiner, délicieuse, rapide et très colorée, ouvre de réelles perspectives de créativité gastronomique, auxquelles ni les enfants, ni les hommes ne résistent !

Ils goûtent et ils adhèrent. Finies les siestes irrépressibles, les ballonnements insupportables, les constipations opiniâtres. Le chemin de la santé, des plaisirs de notre table, voilà la perspective.

C'est la Contagion de la Vapeur Douce.

NOUVELLES RECETTES ET CONSEILS À LA VAPEUR DOUCE

Pourquoi La Vapeur Douce ?

Une cuisson idéale

Elle cuit à 95° C maximum
La vapeur d'eau, **facteur de protection** :
- régularise et réduit les effets de la chaleur,
- accélère son efficacité.

Une cuisson homogène

La répartition de la chaleur est harmonieuse, elle va en quelques minutes au cœur des aliments les plus épais : il n'y a pas, contrairement à la cuisson au micro-onde, de zones à risque.

Effets protecteurs sur l'aliment

Préservation des qualités nutritionnelles, elles sont maximales
Préservation des qualités organoleptiques, couleur-odeur-saveur, et texture
Préservation de la digestibilité, elle est facilitée

L'effet Sauna : « tendance » Bio

La vapeur en abondance sature l'atmosphère à l'intérieur du cuit-vapeur, et pénètre à l'intérieur des aliments auxquels elle fait « transpirer » leurs toxines, comme le fait notre corps lorsque nous sommes dans un bain de vapeur : ce qui provoque :

– L'élimination des éléments toxiques (additifs, conservateurs, pesticides, xénobiotiques et perturbateurs endocriniens, le plus souvent liés aux graisses des aliments)

– L'élimination des graisses et acides en excès.

Conséquence : ne jamais utiliser l'eau de cuisson qui récupère tous ces toxiques. Au reste, sa couleur opaque, son aspect plus ou moins graisseux et son odeur recuite et acide ne sont vraiment pas engageants.

L'effet Sauna

La Vapeur Douce : Choix de l'outil

La vapeur pour être efficace doit être :
– produite en abondance,
– circuler librement à l'intérieur du cuit vapeur,
– et pouvoir librement s'échapper.

Toute contrainte ou compression a pour effet d'augmenter artificiellement sa température, laquelle normalement ne dépasse jamais 95° c.

C'est pourquoi un cuit-vapeur doit répondre à des critères bien précis :

1. Un compartiment inférieur de grande capacité pour l'eau (afin de produire de la vapeur en abondance, sans risquer que le fond brûle), et **une source de chaleur importante et continue** (2000 w min. plaque électrique, ou bon feu gaz ne débordant pas).

– Si la production de vapeur est insuffisante la cuisson sera beaucoup plus longue et moins bien

Grande contenance

répartie : observer l'inégalité de couleur et de texture en différents endroits des aliments (dessous, bords plus cuits, centre et dessus moins cuits) mis à cuire en même temps.

– *La rapidité est fondamentale.* Une forte vapeur ne signifie pas que la température sera plus forte, mais au contraire garantit l'efficacité de la cuisson en un temps plus court, ce qui protège mieux les vitamines.

2. Un tamis percé de trous suffisamment larges où la vapeur passe abondamment : 0,5 à 0,7 cm, et unique (un seul étage) pour éviter que les aliments de l'étage inférieur ne soient arrosés par la « transpiration » des aliments de l'étage supérieur.

L'« Effet Sauna » réussi donne une cuisson à cœur, harmonieuse et rapide, avec une hydratation profonde et une « transpiration » des graisses et toxiques contenus dans les aliments, sans pertes minérales. Ce qui préserve les qualités nutritionnelles, et nettoie les additifs et exogènes.

Larges trous

3. Un couvercle bombé, et libre (non vissé)

– Bombé, pour que l'eau produite par condensation s'écoule sur les côtés et ne tombe pas sur les aliments, leur enlevant une partie de leurs minéraux,

– et libre, pour que la vapeur en excès puisse s'échapper sans frein.

Couvercles bombés

Toutes ces caractéristiques essentielles sont réunies par **le Vitaliseur,** modèle déposé, distribué par la société Coplan, 61, rue du Vivier, BP 7332, 69357 Lyon cedex 07.

Tél. 04 37 65 17 17. www.vitaliseur.com

Préparer tout un repas...

1

2

3

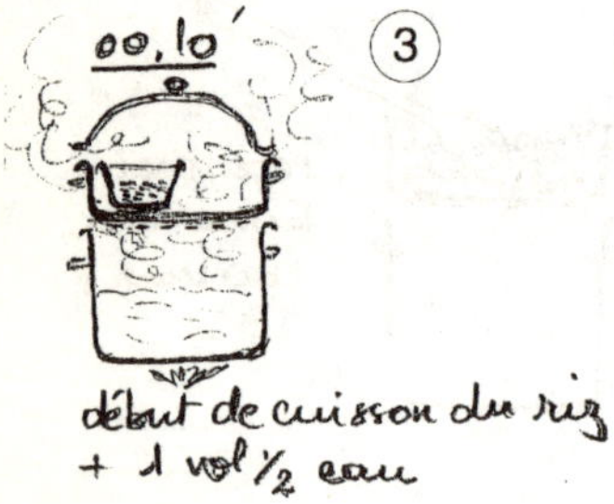

4

5

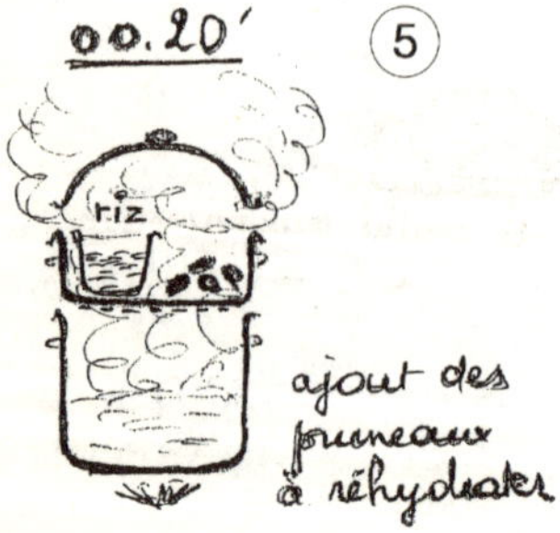

6

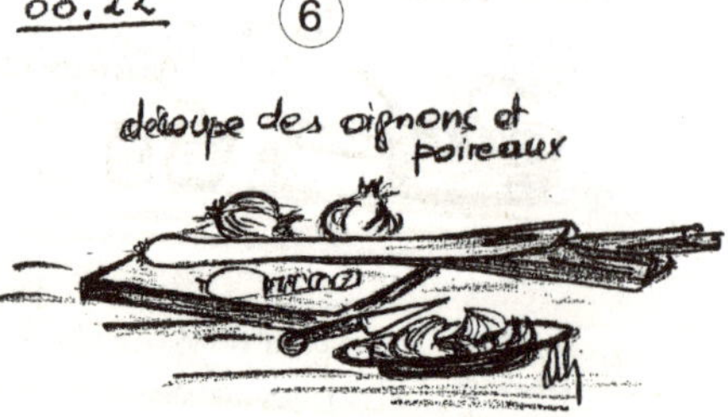

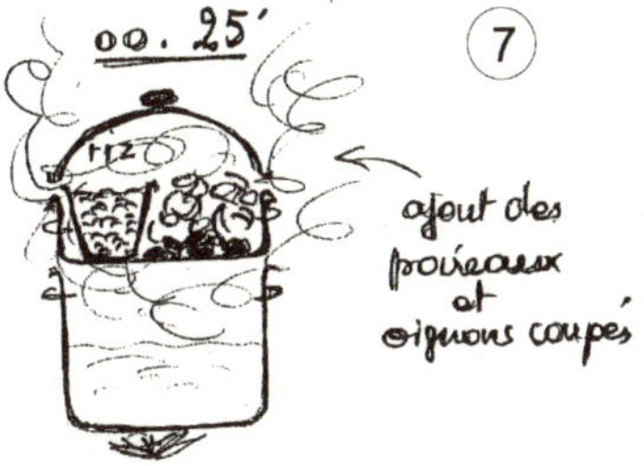

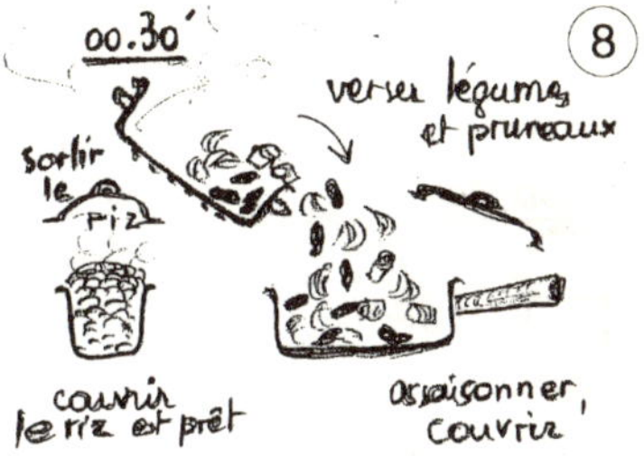

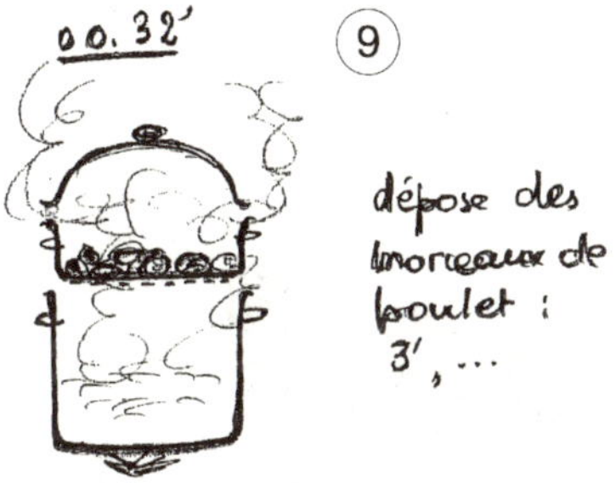

... en 38' à la vapeur douce !

CHAPITRE I

ASSAISONNEMENTS, CONDIMENTS ET SAUCES : AGRÉMENTER DES ALIMENTS CUITS AU NATUREL

On assimile souvent la cuisine à la vapeur douce à tout ce qui est bouilli : insipide et sans caractère.

C'est vrai pour les aliments « bouillis » ou cuits à l'eau, qui ont perdu par osmose et dégradé par trop de cuisson leurs sels minéraux, donc leur goût.

C'est totalement faux et inversé en ce qui concerne la cuisson à la vapeur douce.

Naturellement bien dosée, celle-ci non seulement préserve vitamines et minéraux, et donc les qualités de goût et de texture (dites « organoleptiques »), des aliments, mais encore les débarrasse de tous les additifs, engrais, conservateurs ou pesticides , leur restituant leur goût originel.

C'est pourquoi les aliments cuits à la vapeur douce, qui ont gardé leur identité et leur saveur, n'ont pas vraiment besoin d'être assaisonnés : ils peuvent par contre être accompagnés par d'autres aliments avec lesquels ils conjugueront parfums, saveurs, onctuosité ou hydratation, et qualités nutritionnelles (exemple : alliacés associés aux légumineuses).

Bien choisir

Comment et que choisir : qualité des aliments et qualité nutritionnelle

Couleur odeur saveur, sont les paramètres qui révèlent la qualité des aliments, et doivent guider notre choix.

Rechercher variété et complémentarité : minéraux, vitamines, phytohormones :

Nous devons mettre dans notre alimentation la plus grande variété possible, pour élargir notre gamme nutritionnelle en assurant la plus large palette de vitamines, sels minéraux, acides gras et polyphénols, combiner les acides aminés, jongler avec les catalyseurs et les inhibiteurs et lancer au mieux l'alchimie de la digestion et de l'assimilation. Aucun nutriment ne doit être isolé de son contexte naturel sans risquer de provoquer des déséquilibres à long terme (maladies du métabolismes par exemple, comme le diabète).

Rechercher la plus grande fraîcheur, pour que les sources de bienfaits de chaque aliment n'aient pas le temps de se dégrader avant d'arriver dans notre assiette et notre système digestif.

Rechercher les produits de la saison, celle que nous vivons au présent.

En saison, les produits sont abondants et fraîchement cueillis, ils sont adaptés à nos besoins de santé et peu détériorés par la conservation : ils s'offrent avec un taux optimal de vitamines et au meilleur prix ! Savez-vous que les oranges hors saison, conservées des mois en frigo, ne contiennent plus de vitamine C, bien que ni pasteurisées ni stérilisées : mais les fruits et légumes frais de saison en contiennent.

Rechercher les produits complets, non raffinés et réduits à leur plus simple expression car ils doivent apporter un équilibre : chaque aliment est un tout dont chaque élément est complémentaire des autres ; le produit raffiné déséquilibre, tout nutriment apporté en trop grande quantité va déclencher des « fuites » d'autres nutriments. D'où nos carences multiples et les troubles qui en résultent : hypoglycémies par trop de sucre, ostéoporose par trop de calcium...

Découverte : produits équitables, ou ancestraux (légumes, céréales, légumineuses, variétés de fruits retrouvées...).

Rechercher les produits de la mer, poissons gras et fruits de mer, pour leur apport en minéraux, protéines et acides gras de qualité.

Des « aliments complémentaires de santé »

Les assaisonnements et sauces prennent alors tout leur sens, et loin de surcharger en sel, sucre, additifs et matières grasses plus ou moins transformés déséquilibrés et dénaturés, deviennent des aliments complémentaires de santé, (acides gras insaturés, antioxy-

dants, apports des fines herbes et plantes aromatiques... dont on ne détaillera pas ici les bienfaits), et eux aussi les plus naturels possibles.*

1. Les assaisonnements

Assaisonnement de base (le plus simple)

Citron ou vinaigre (cidre, balsamique), sel gris et huile d'olive + de noix (huiles vierges) sur les salades ou les poissons, ou thym, sel et huile d'olive sur les légumes, viandes vapeur.

Huiles parfumées

– au thym ou romarin :

Dans une bouteille à goulot large, faites entrer un bouquet de thym frais ou de romarin, ajoutez une gousse d'ail, couvrez d'huile d'olive, fermez et laisser macérer une à trois semaines

* Voir « Guide pratique de gastronomie familiale », l'Art et le Plaisir pour la Santé », éd FX de Guibert, 2002.

– au basilic, estragon ou origan frais :

Couper aux ciseaux dans un bol une poignée de feuilles de basilic, estragon ou origan frais, ajouter 4 à 5 c. à soupe d'huile d'olive, écraser et laisser macérer une heure : parfume carpaccios de viande, volaille ou poisson, copeaux de tomme de brebis, de parmesan ou peccorino, feta ou fromages frais de chèvre ou brebis. On peut y ajouter une gousse d'ail pilée...

Vinaigre de figues

– 1 bouteille de vinaigre de cidre
– 5 ou 6 figues

Dans une bouteille à goulot large, faites glisser les figues sèches coupées en rondelles ou lamelles ; verser le vinaigre de cidre et un petit verre d'eau : mélanger bien le tout , et mettre à macérer pendant un mois. Secouer de temps en temps. Ce vinaigre doux accompagnera très agréablement vos plats les plus fins à raison de quelques gouttes à un filet : viandes blanches, gibiers et volailles, foies gras frais, asperges, pommes cuites à la vapeur, patates douces, avec un filet d'huile de noix.

Vinaigre de cidre aux pommes

– 1 volume de Vinaigre de cidre
– 1 volume de jus de pommes

Utiliser comme un vinaigre, plus doux et moins acide, ne noircit pas les salades.

Vinaigre au miel

– 1 bouteille de vinaigre de cidre 500cl
– Deux cuillerées à soupe de miel

Verser le miel dans la bouteille, agiter ; rehausse les plats à base de viandes blanches, gibier, laitages de brebis ou chèvre, salades douces ou amères...

2. Les sauces

Les sauces ne doivent pas alourdir *une préparation, mais l'enrichir d'onctuosité et de nutriments complémentaires : par exemple l'huile d'olive dont l'acide oléique favorise l'absorption du calcium, ou le jus de citron et le persil dont la vitamine C a le même rôle et aide aux défenses immunitaires. Plusieurs bases sont possibles : vinaigrette, yoghourt, fruitées, aux herbes ou alliacées...*

Sauce aigre-douce

– 2 cuillères de vinaigre de cidre, 1 cuil. d'eau
– 3 cuillères d'huile d'olive, 1 d'huile de noix ou noisettes
– sel de Guérande ou fleur de sel de Camargue
– sucre complet (1 pointe de couteau)
ou une c. à café de miel ou sirop de fruit des bois (myrtille, mûre)

Sauce au vert d'oignons frais

– Une botte de cébettes ou oignons frais, doux
– Sel gris, marjolaine
– Huile d'olive, huile de noix
– Vinaigre de cidre, jus de pommes

Couper à part le blanc des oignons frais en petits morceaux de tranches avec un couteau bien aiguisé, dans un petit saladier, ajouter quelques pincées de sel gris, mélanger, et arroser de 2 c. à soupe de vinaigre de cidre. Laisser mariner une ou deux heures, puis ajouter un verre de jus de pommes, mélanger ; couper au ciseau finement les fanes, ajouter, saupoudrer d'1 c. à café de marjolaine, mélanger, et ajouter 3 c. à soupe d'huile d'olive et 1 d'huile de noix, mélanger.

Rehausse tous légumes vapeur, céréales, légumineuses, viandes blanches ou poissons, d'un parfum très doux et apaisant.

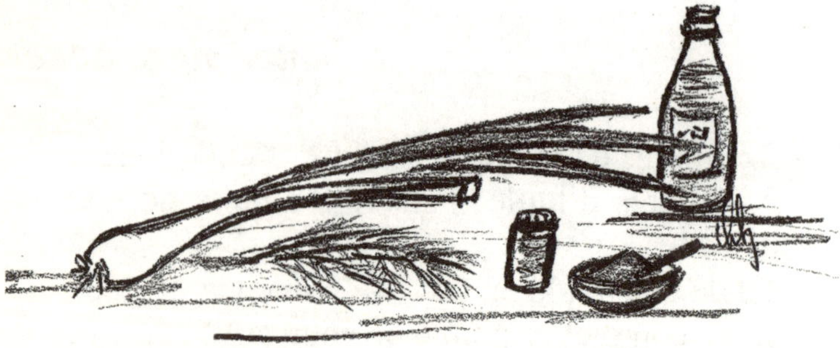

Sauce crémeuse à l'aneth

– 2 Yoghourt chèvre ou brebis
– 1 c. à café de vinaigre de cidre
– 1 pincée de sel, 1 pincée de sucre roux
– Quelques branches d'aneth ou vert de fenouil frais coupés au ciseau

Sauce aux herbes

– 2 ou 3 Yoghourts brebis ou chèvre (ou soja), à raison d'1 pour 2 personnes
– 1 bouquet ou 1 boite surgelée de basilic et ciboulette coupés fin aux ciseaux
– 1 cuillère de vinaigre de cidre
– une pincée de sucre roux
– une pincée de sel

Mélanger pour la rendre onctueuse, cette sauce que vous pouvez agrémenter d'une c. d'huile d'olive, noix ou noisette ; accompagne : viandes blanches, légumes entiers vapeur, poissons.

Vinaigrette de pommes douces

– Mélanger des échalotes coupées fin avec vinaigre de cidre, jus de pommes, sel et huile d'olive

3. Les condiments

Chutney de courge ou melon aux oignons et raisins

- $^{1}/_{2}$ melon (utiliser les melons fades ou trop mûrs) ou 1 tranche de courge
- 1 à 2 gros oignons
- 1 tasse de raisins secs
- Thym, sel, gingembre
- 2 c. à soupe d'huile d'olive
- 1 à 2 cuillerées de confiture de prune
- Vinaigre balsamique

Couper en dés le melon, le passer 5 minutes à la vapeur douce avec l'oignon coupé en lamelles et les raisins secs. Les verser dans une casserole, ajouter thym, sel, gingembre, remuer, laisser fondre et réduire lentement à feu très doux en surveillant de temps en temps sans laisser attacher. Mettre en pot et conserver au frais.

Servir avec des viandes blanches ou gibiers, fromages ovins secs ou frais, ou en accompagnement de châtaignons ou patates douces vapeur, galettes et céréales complètes, ou salades.

*Crème d'ail au thym frais et vinaigre balsamique **

– 6 à 8 gousses d'ail frais (une tête d'ail)
– 1 cuil. à soupe de feuilles de thym frais, sel
– 1 c. à café de vinaigre balsamique (*facultatif)
– 3 cuil à soupe d'huile d'olive et une d'huile de noix

Cuire l'ail 10' à la vapeur, puis le mettre dans un bol avec thym, sel, huile et vinaigre ; un coup de mixer et c'est magique sur volaille, magret, viande, patates, légume même cru, etc. Remplace moutarde, beurre, mayonnaise,...

Moutarde de figues

– 1 verre de moutarde forte
– 6 figues sèches
– 2 échalotes

Mettre les figues à gonfler 10' au cuit vapeur. Éplucher et couper les échalotes, les ajouter aux figues 3', verser dans un bol et broyer rapidement au mixer, ajouter la moutarde, mélanger et mettre en pots. Accompagne volailles, foie, saucisse ou jambon vapeur...

Moutarde à la pomme et au miel

– 1 verre de moutarde forte
– 3 pommes reinettes ou golden
– 2 c. à soupe de miel

Éplucher les pommes et les cuire en quartiers à la vapeur douce : les enlever lorsqu'elles se gonflent et les réduire en purée au mixer ; mélanger cette purée au miel et à la moutarde, mettre en pots à conserver au frais. Viandes blanches ou gibiers.

La Vapeur Douce...

... un temps de cuisson minimal

Légumes/fruits	Cuisson légère 5/10' *al dente*	10 à 20 secondes nettoyer des pesticides
Céréales complètes :	20' environ	dans bol + 1,5 vol d'eau
Gâteau, 500g pain	20'	réhydrate le pain sec
Légumineuses trempées	5 à 10' sur grille directement	+ 1 verre eau chaude
Grosses légumineuses	trempées, 15 à 20' s grille	+ 1 verre eau chaude
Viandes	5 à 10'	saler 5' avant
Poissons	5 à 10' (filets)	Feu très doux
Charcuterie, salaisons	ne pas recuire	5' élimine les additifs

CHAPITRE II

CUISINER LES ALIMENTS :

LA GASTRONOMIE VAPEUR, HARMONISER LES SAVEURS, CRÉER DES SYMPHONIES

La gastronomie est un art :

– celui de savoir utiliser les mille saveurs de chaque aliment pour les associer en les respectant et dans leurs complémentarités :

– un goût peut autant en stimuler un autre que le contrarier.

La réussite, c'est d'avoir pu composer un hymne de saveurs.

Les saveurs révèlent des nutriments de qualité, vitamines et minéraux : une vraie gastronomie sait respecter les nutriments (choix, conservation, préparation, cuisson), et cela se retrouve dans l'état nutritionnel et la santé.

Peu transformer :

Comment préparer

Ce qu'on peu manger tel quel : bio, bien lavé, sans éplucher (nutriments dans la peau).

Ce qu'on fait germer : plein de vitamines et minéraux non altérés (légumineuses faciles comme les lentilles ; céréales bio , etc.).

Ce qu'on prépare en crudités : bien laver ou tremper sans éplucher (produits non bio).

Ce qu'on fait mariner : plus (vinaigres) ou moins (citrons) acides, herbes, huiles vierges.

Ce qu'on fait cuire : cuisson douce (vapeur première), saisie très courte (wok).

Cuire au plus naturel

La vapeur douce, l'élément qui apprivoise nos aliments, c'est un sauna qui à chaleur égale, respecte les vitamines plus fragiles et rend les fibres plus digestes sans les dégrader, en même temps qu'elle nettoie en profondeur l'aliment, lui restituant des parfums et saveurs souvent perdus au hasard des cultures, arrosages et traitements « phyto*sanitaires* ».

Comment Bien Manger

– Se poser tranquillement

Pour bien manger et digérer, il faut un temps, et un lieu : atmosphère calme, durée minimale (30'), convivialité, table mise, détente, repos. Manger d'autant plus lentement que l'on est en période de stress.

– La mastication est la première et indispensable phase de la digestion : dans la bouche, pendant un temps suffisant pour bien broyer et imprégner de salive les aliments.

La salive (plus d'1 litre secrété par jour) humidifie et lubrifie les aliments que la mastication permet d'imprégner en libérant toutes leurs saveurs, et dont les goûts stimulent en retour la sécrétion de la salive ; les enzymes qu'elle contient commencent la digestion et sa composition équilibre l'acidité de l'estomac, évitant brûlures et lourdeurs digestives. Les caries sont alors mieux prévenues (destruction des substances acides et alcalines).

Pour bien mâcher il faut que les aliments aient de la texture, des fibres non détériorées par la cuisson ou la conservation, ou éliminées par raffinage.

Ce qui a du goût reflète une plus forte « densité nutritionnelle », appelle à mieux mastiquer, rassasie et nourrit mieux. (Alors que les produits raffinés, ayant peu de goût, « descendent tous seuls »).

C'est le cas des produits complets, des produits bio, et des produits frais et cuits sans excès.

Une bonne mastication prévient les maux d'estomac, facteurs d'ulcères et d'insomnie.

Elle évite les habitudes de consommation excessive dues à des aliments « faciles » et qui, n'ayant aucun goût, obligent à les assaisonner copieusement de sauces et condiments pleins de sel, sucre, graisses, additifs, et pleins de calories, à la recherche sans fin d'un surcroît de goût et de texture : ils passent trop vite !

– La 2e phase : digestion, absorption, immunité : son bon déroulement est lié à la qualité des aliments, à leur fraîcheur et à leur état : fibres non abîmées remplissant leur fonction de balai intestinal et d'assimilation (enzymes, acides gras non transformés, vitamines, polyphénols...), pas de produits ou pratiques dégradant la flore intestinale (trop de cuisson, de produits industriels avec conservateurs, colorants et autres additifs, ...)

1. Les Entrées

A. Entrées froides

Le rôle de la vapeur : réhydrater, purger, adoucir, chauffer sans cuire, ou cuire légèrement des aliments qui le requièrent

Les entrées doivent apporter un maximum de crudités pour leurs fibres et pour obliger à mastiquer. Certains végétaux doivent être cuits, mais *a minima* pour respecter leurs composants : ce qui est cuit doit être craquant, « al dente », de 3 à 5 minutes à la vapeur douce en moyenne selon taille et fibre. Ce qui est à « nettoyer » passera 10 à 20 secondes à la vapeur pour évacuer additifs, pesticides ou graisses (cf. tableau, p. 38).

Fenouil au cumin

– 1 ou 2 bulbes de fenouil
– 1 c. à soupe de raisins de Corinthe
– 1 c. à café de cumin
– jus de citron
– sel, 2 c. à soupe d'huile d'olive

Passer les raisins de Corinthe 5' à la vapeur douce pour les réhydrater et les nettoyer de leurs éventuels conservateurs, les laisser refroidir. Couper en quatre dans le sens de la longueur, puis en fines lamelles les fenouils, crus s'ils sont jeunes, passés 5' à la vapeur douce s'ils sont fibreux ; saler, arroser de jus de citron puis d'huile, ajouter les raisins « rafraîchis » et saupoudrer de cumin. Délicieux avec un poisson mariné.

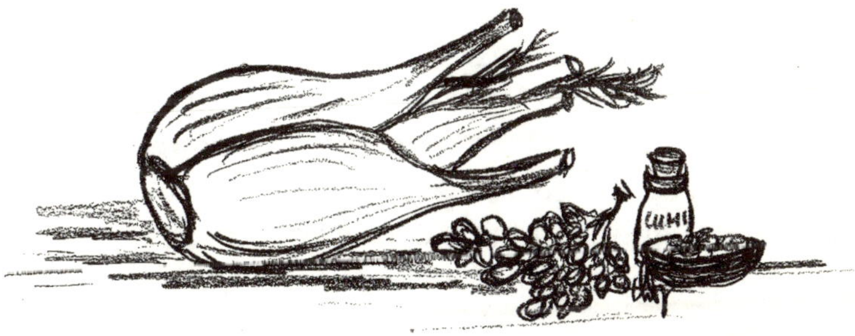

Salade de chèvre chaud vapeur et petites salades

- Une poignée de roquette, une de dent de lion (pissenlit), une de mâche
- Un cœur de laitue
- Une pomme aigre-douce (fuji, granny)
- 1 petit chèvre par personne
- 1 petite tranche de pain de seigle sec par personne
- 2 ou 3 poignées de cerneaux de noix brisés
- Huile d'olive et de noix
- Vinaigre balsamique

Laver soigneusement et faire tremper sans les couper les salades (15'), égoutter, effeuiller et déposer dans un grand plat ; laver les pommes et les passer 2' à la vapeur pour détoxifier la peau, les couper en tranches fines, les disposer autour des salades ; passer au cuit vapeur les petits chèvre, déposés sur de petites tranches de pain de seigle sec passés à l'huile d'olive, pendant 3 à 5' selon épaisseur pour les fondre légèrement, et les déposer en rond sur les pommes. Servir chaud arrosé de quelques gouttes de vinaigre balsamique et d'un filet d'huile de noix et d'olive.

Salade de courgettes marinées au basilic

– 4 à 6 courgettes bien fraîches
– 2 oignons doux moyens avec fanes
– 1 poire bien lavée ou bio
– 2 branches de basilic
– Jus d'un gros citron
– 4 c. à soupe d'huile d'olive, sel gris

Réserver les fanes des oignons, couper les bulbes et les passer rapidement à la vapeur pour les adoucir (3'), mettre dans un saladier et ajouter la poire en morceaux, et les fanes coupées aux ciseaux. Râper les courgettes et les arroser de 2 ou 3 c. à soupe de jus de citron, saler, mélanger avec le basilic et l'oignon coupés.

Laisser mariner au frais au moins $^1/_2$ heure, arroser d'huile d'olive avant de servir.

Salade de feta aux herbes

– 2 tranches de feta de brebis ou de chèvre
– 1 bouquet de ciboulette ou 2 queues d'oignons frais
– 2 branches de basilic, 4 ou 5 de persil
– 1 oignon doux en lichettes
– ou un oignon coupé et passé 5' à la vapeur douce
– Origan
– Huile d'olive fruitée
– Olives cassées

Couper la feta en dés dans un petit saladier, ajouter tous les ingrédients coupés fins, les herbes, deux ou trois c. à soupe d'huile d'olive, mélanger et garnir avec des olives rosées cassées.

Si l'on trouve la feta trop salée, on peut la mettre 1 à 2h avant à dessaler dans de l'eau douce froide...

Salade de figues

– 2 figues fraîches par personne
– Ou 2 figues sèches réhydratées 10’ à la vapeur douce, ou trempées 1h, par personne
– 1 ou 2 oignons doux frais avec fanes
– 1 oignon doux passé 2’ à la vapeur
– 1 c. à soupe de vinaigre de cidre ou 2 selon quantité
– 1 c. d’huile de noix et 2 d’huile d’olive
– Thym frais ou réhydraté 2’ à la vapeur douce
– Quelques touffes de mâche (env 100g)

Couper en petits morceaux le bulbe des oignons frais dans un bol, les saler et les arroser d’1 c. à soupe de vinaigre de cidre, laisser mariner une demi à une heure.

Couper un oignon doux en lamelles, passer 3’ à la vapeur douce, mettre dans un saladier avec quelques feuilles de thym frais ; couper par dessus au ciseau les fanes en rondelles, ajouter les deux huiles et le 1/2 verre de jus de pomme, puis les figues coupées en quartier, et les oignons avec leur marinade : mélanger. Servir la salade entourée de touffes de mâche, comme accompagnement pour un plateau de fromages de chèvre et de brebis, ou un foie gras, ou tout simplement avec quinoa ou sarrasin complet cuits vapeur.

Salade d'oignons doux marinés à la pomme

- 2 gros oignons doux
- 2 cuillerées à soupe de vinaigre de cidre
- $^{1}/_{2}$ verre de jus de pomme
- 3 cuillerées à soupe d'huile d'olive et 1 d'huile de noix
- Sel gris, marjolaine

Couper les oignons doux en deux puis en petits morceaux, les passer 2' à la vapeur douce puis ajouter sel et vinaigre, mélanger et laisser mariner $^{1}/_{2}$ heure ; ajouter ensuite le jus de pomme, la marjolaine, puis mélanger et ajouter les huiles, mélanger, servir en accompagnement de salades, pommes de terre ou patates douces vapeur, céréales, viandes blanches, fromages...

Salade de pois chiches à la menthe

– 1 paquet de pois chiches (petits)
– 2 gros oignons doux
– 1 bouquet de menthe douce fraîche
– sel gris
– 1 citron
– huile d'olive
– 2 verres d'eau chaude

Faire tremper les pois la veille. Les cuire 5mn directement sur la grille du cuit vapeur, avec les oignons coupés en lamelles. Verser le tout dans un grand saladier avec 2 verres d'eau chaude, remuer de temps en temps pour laisser les pois s'hydrater et tiédir ; ajouter le sel, la menthe finement coupée aux ciseaux, le jus de citron et quatre cuillerées à soupe d'huile d'olive : mélanger et laisser un peu reposer avant de servir.

Salade de raisins à la grecque

- 1 grosse poignée de roquette ou de dent de lion (pissenlit)
- 1 grosse grappe de raisins frais de Corinthe (sans pépins), ou de Sicile
- ou 1 tasse de gros raisins secs, réhydratés et nettoyés 5’ à la vapeur douce
- 1 poivron rouge
- 1 demi concombre
- 1 oignon doux ou 2 échalotes
- 1 tranche de feta
- Origan
- Huile d’olive

Lavez à plusieurs eaux les salades (si elles ne sont pas bio, les tremper 10’ entières).

Couper le concombre en cubes dans un saladier. Couper ensuite les oignons et le poivron en lamelles très fines, les passer 2’ à la vapeur douce avec les raisins (s’ils sont secs, les mettre 5’ à la vapeur au préalable), verser dans le saladier ; parsemer d’origan, saler et arroser d’huile d’olive, mélanger à chaud et laisser tiédir ; ajouter la feta en cubes, et garnir avec les petites salades, mélanger au moment de servir.

B. Entrées chaudes

> *Hiver, froid : les plats chauds sont là pour nous apporter bien être et réconfort, sans « peser » : ils doivent donc être cuits sans excès, à des températures douces préservant les nutriments, et comporter toujours une bonne proportion de légumes, (ou des fruits), pour ne pas perturber la phase intestinale de la digestion tout en garantissant les apports en vitamines.*

a. Tartes

Pastilla de chou aux raisins

– 1 paquet de feuilles de brick
– $^1/_2$ chou vert
– 1 oignon ou 1 blanc de poireau
– 1 paquet de raisins secs
– 2 blancs de poulet, de dinde, ou 6 aiguillettes de canard
– thym, marjolaine, sel gris
– huile d'olive

Laver et couper en fines tranches le chou, peler et effiler l'oignon ou couper en fines rondelles le blanc de poireau ; dans le tamis du cuit-vapeur à pleine ébullition, verser une bonne poignée de raisins secs, puis par dessus l'oignon ou le poireau coupé, et le chou bien étalé ; couvrir, laisser 5' à la vapeur , puis verser dans une terrine. Mettre à la vapeur douce la volaille coupée en petites tranches fines 3', puis remuer et refermer le couvercle pour finir la cuisson 1' de plus, et verser sur le chou : ajouter à chaud thym, marjolaine, sel, et 2 c. à soupe d'huile d'olive : mélanger bien pour développer tous les parfums et couvrir.

Sur un plat à gâteau aussi large que le tamis du cuit vapeur (ou une plaque inox) passé à l'huile d'olive avec quelques feuilles de marjolaine, déposer trois feuilles de brick en prenant soin d'oindre chacune d'huile d'olive avec marjolaine ; étaler la préparation, puis recouvrir de trois feuilles de brick en renouvelant huile et marjolaine. Presser doucement et poser le plat sur le tamis en le recouvrant du couvercle du cuit vapeur : laisser finir la cuisson ainsi à feu doux et infuser 10', servir chaud.

Quiche aux fruits

Pâte :
- 1 tasse de farine de petit épeautre
- 1 tasse $^1/_4$ de farine de sarrasin
- 1 tasse d'eau
- 2 c. à soupe d'huile d'olive
- thym, sel gris

Garniture :
- 1 ou 2 pommes, 1 coing, (3 fruits, selon saison)
- 1 blanc de poireau
- 1 tasse de lardons
- 1 tasse de lait végétal ou 1 yoghourt de chèvre ou brebis
- 2 œufs, 50g de tomme de brebis
- Sel, poivre, thym en feuilles

Mettre le cuit vapeur à chauffer au préalable.

Faire la pâte très rapidement sans la travailler, en mélangeant les deux farines, puis l'huile, l'eau, le thym et le sel ; l'étendre sur la plaque à tarte. Faire sécher 10' à four doux.

Dans la grille du cuit vapeur en ébullition, déposer les lardons, couvrir ; puis couper les fruits bien lavés en petits morceaux en les ayant débarrassés de leurs pépins : ajouter dans le cuit-vapeur d'abord les morceaux de coing, puis de pommes après 2 ou 3' ; recouvrir avec le blanc de poireau en lamelles. Après 3 minute de plus, verser sur la pâte et étaler. Émietter la moitié de la tomme et le thym.

Battre les œufs avec sel, poivre, lait ou yoghourt, verser le mélange sur les fruits et poireau, garnir avec le restant de fromage en lichettes.

Mettre à cuire : soit 20'en déposant la plaque sur le dessus du cuit-vapeur, la tarte recouverte par le couvercle ou un grand saladier en inox, jusqu'à ce que le mélange ait pris ; soit 15' dans un four à 150° maximum, avec plat d'eau au fond. Il suffit que le mélange ait pris, sans griller. **Éviter toujours de trop cuire ! ! !**

b. Salades chaudes ou tièdes

> *Peu cuites pour conserver toutes leurs qualités nutritionnelles et encore un certain craquant, tout en ayant « cassé » suffisamment la cellulose trop dure de certains végétaux par une cuisson efficace, ces salades peuvent constituer un plat principal, à elles seules ou complétées par une céréale complète ou/et une légumineuse.*

Salade de foies de volailles aux légumes verts

- 250g de foies de poulet ou canard
- 2 gousses d'ail hachées
- 2 oignons frais, 2 échalotes
- 1 courgette, 1 brocoli
- 1 poireau, 2 asperges, 1 poignée de haricots verts
- persil, estragon, marjolaine
- sel gris, huile d'olive
- vinaigre balsamique

Saler les foies, les cuire rapidement à la vapeur 5 à 6' en les retournant à 3' de cuisson, les verser dans un saladier, avec ail, herbes, sel et huile d'olive.

Laver et couper tous les légumes en dés et petits morceaux, les cuire tous ensemble 5' à la vapeur, les ajouter et mélanger le tout dans le saladier, ajouter au moment de servir un filet de vinaigre balsamique.

Salade de lentilles aux raisins

– 1 paquet de lentilles du Puy
– 1 oignon doux
– 1 grosse échalote
– 2 cébettes ou petits oignons frais (queue entière)
– 1 tasse de raisins secs
– 1 c. à soupe de marjolaine
– sel gris marin
– 2 c. à soupe d'huile d'olive
– 1 c. à soupe d'huile de noix
– 1 à 2 c. à soupe de vinaigre de cidre ou balsamique

Faire tremper les lentilles la veille ou 2h avant, couper l'oignon et le blanc des cébettes en petits morceaux.

Lorsque le cuit vapeur est en ébullition, déposer oignons, raisins secs, puis lentilles successivement, directement sur la grille, couvrir et laisser cuire 5' ; verser ensuite dans un saladier, ajouter l'échalote coupée très fin, saupoudrer de marjolaine, sel gris, ajoutez 1 petite tasse d'eau, remuer. Mélanger doucement en laissant les lentilles absorber, puis ajouter les huiles, le vert des cébettes coupé en petits morceaux, remuer et servez.

Salade de Pois cassés

– 1 paquet de pois cassés
– 1 botte d'oignons frais
– 1 ou 2 poires un peu fermes
– ail en poudre, thym, sel
– basilic, persil
– Huile d'olive

Faire tremper les pois cassés dans de l'eau douce pendant deux ou trois heures, en les remuant un peu de temps en temps, puis les cuire directement sur la grille du cuit vapeur , avec les blancs d'oignons frais coupés , pendant cinq ou six minutes : il ne faut pas qu'ils éclatent ni ne deviennent farineux. Verser le tout dans un saladier, avec de l'ail en poudre et du thym, du sel ; ajouter une tasse à café d'eau, remuer, laisser s'imprégner les parfums. Couper au ciseau basilic et persil, et les queues des oignons frais, arroser de 2 ou 3 cuillerées à soupe d'huile d'olive, poivrer : mélanger et servir.

c. Soupes et potages

La Soupe, plat convivial et facile

On peut élaborer des soupes très savantes et délicieuses, mais une soupe au quotidien doit répondre à de très simples exigences

• Réchauffer et relaxer : le bien-être qui s'ensuit prépare à manger et digérer dans de meilleures conditions.

• Certaines soupes (type campagnarde : potée, soupe au pistou, soupe d'épeautre,...) remplissent la fonction d'un repas complet : on peut leur adjoindre de la salade, du fromage sans excès (sauf si la soupe est chargée en viande ou fromage), et un fruit.

• Désaltérer et hydrater : on ne boit jamais assez.

• Permettre d'utiliser les restes du repas précédent comme base ou complément, avec un minimum de préparation supplémentaire, mais sans recuire !

• Servir de support, outre les légumes frais très variés qui en font la base, et en complément :

– aux légumineuses qui doivent faire partie de nos aliments quotidiens pour leur apport en nutriments essentiels : protéines de qualité, minéraux, phytohormones indispensables...

– à des céréales complètes ou graines assimilées (protéines de complément, minéraux...)

– à ces herbes de Provence et fines herbes qui sont un stimulant de nos défenses immunitaires, un facteur d'équilibre hormonal, et dotées de grandes qualités nutritionnelles et thérapeutiques : thym, sauge, marjolaine, estragon, ail, verveine, menthe...

La marche à suivre est simple

Les ingrédients sont cuits à la vapeur douce en une ou plusieurs fois, versés dans une marmite et assaisonnés directement : les herbes infusent sous l'action de la vapeur qu'ils dégagent et du jus qu'ils font dès leur assaisonnement.

L'eau est chauffée dans l'intervalle, et versée sur les aliments : elle ne doit pas bouillir.

La soupe du dimanche soir

- Un reste de légumes, de riz, de quinoa, de pommes de terres...
- Un blanc de poireau
- Thym, sauge, ail en poudre
- 1 c. à soupe d'huile d'olive
- Facultatif : 1 œuf, ou 2 ou 3 c. à soupe de flocons de quinoa ou sarrasin

Faire chauffer une casserole d'eau avec thym et sauge, sel gris

Faites réchauffer au cuit vapeur vos légumes et autres restes 3' en y ajoutant le poireau coupé en fines lamelles

Lorsque l'eau frémit, réduire le feu au minimum, verser les ingrédients réchauffés, passer au mixer ; pour épaissir on peut ajouter soit un œuf battu, soit deux ou trois c. à soupe de flocons de quinoa ou sarrasin. Terminer avec un filet d'huile d'olive

Potage de pois aux choux

– 1 tasse de pois cassés trempés
– 1 tasse de pois chiches trempés
– 2 c. à soupe de farine de pois chiches
– 1 ou 2 troncs de brocolis ou de chou
– 3 échalotes
– 1 c. à café de sarriette
– 2 gousses d'ail
– sel gris
– 1 c. à soupe d'huile d'olive

Mettre sur la grille du cuit vapeur le chou ou brocoli coupé en petits morceaux, les pois, cuire 5' puis ajouter l'ail et les échalotes pour 3' de plus. Verser dans une marmite, ajouter sarriette et sel , verser un demi litre d'eau chaude, mixer en crème ; ajouter l'huile et la farine de pois chiches, et mixer à nouveau en ajoutant de l'eau au fur et à mesure, la consistance est crémeuse : laisser sur la plaque à feu doux continuer d'épaissir sans bouillir, ce potage doit être servi épais avec un filet d'huile d'olive, et en plat principal avec salade et fromage

Soupe de lentilles aux échalotes

– 1 tasse de lentilles trempées ou germées
– 2 échalotes
– 1 blanc de poireau
– 1 gousse d'ail
– 1 c. à café de feuilles de thym
– sel, huile d'olive

Couper échalotes, blanc de poireau et ail sur le tamis du cuit vapeur, et répandre les lentilles par-dessus, laisser 5' à la vapeur et verser dans une soupière emplie d'eau frémissante, ajouter le thym et le sel : laisser infuser 10 à 15', puis passer au mixer et terminer avec un filet d'huile d'olive.

Servir avec des copeaux de tomme de brebis.

Soupe à l'oignon Vapeur Douce

- 4 à 6 oignons
- 2 ou 3 gousses d'ail
- 1 paquet de lardons
- Thym 1 c. à café
- Sel gris, poivre
- 2 c. à soupe d'huile d'olive
- 200g de tomme de brebis râpée

Peler les oignons, garder et laver leurs peaux : on peut les passer 5' à la vapeur et les mettre à infuser 5 à 10' dans une casserole d'eau frémissante, puis les retirer, pour donner une couleur brun doré à la soupe.

Couper en fines lamelles les oignons et l'ail, les passer 5' à la vapeur, les verser dans l'eau chaude, et mettre 5' dans le cuit vapeur les lardons. Ajouter le thym, le sel et le poivre, puis les lardons dégraissés et nettoyés par la vapeur. Ajouter l'huile, couvrir.

Laisser infuser au chaud et servir avec des croûtons, des pommes de terre vapeur et la tomme de brebis râpée, suivis d'une salade aux noix et de figues en dessert. Bon appétit !

Velouté de brocolis

– 1 grosse tête de brocoli
– 1 oignon blanc
– 1 tasse de riz complet
– thym, fleur de sel
– 2 c. à soupe d'huile d'olive ou 1 noix de beurre de brebis

Mettre le riz à la vapeur douce dans un bol inox avec 1volume et demi d'eau pour 1 volume de riz complet ; pendant la cuisson laver et couper le brocoli en n'enlevant que le fond oxydé de la queue.

Peler et couper l'oignon, et mettre ces légumes à cuire à côté du bol de riz après les 15 premières minutes de cuisson, et à 20 minutes de cuisson totale enlever les légumes et vérifier si le riz est complètement cuit (il faut un débit soutenu de vapeur). Verser les légumes dans une casserole emplie à demi d'eau frémissante, ajouter thym et sel, le riz, et mixer. Terminer avec un filet d'huile d'olive.

Pour donner plus d'onctuosité, y ajouter et battre un œuf frais au moment de servir.

Velouté de légumes aux pruneaux

– 1 oignon
– 1 poireau
– 1 courgette
– 1 pomme de terre
– 1 œuf ou 1 c. à soupe de farine de riz ou quinoa
– 8 pruneaux dénoyautés
– sel, thym, huile d'olive, poivre et sauge

Enlever les pelures des oignons, laver, couper en tranches fines les légumes en n'enlevant que racines et queue, passer 5' au cuit vapeur en y ajoutant les pruneaux.

Pendant la cuisson, faire chauffer une marmite d'eau avec sel, thym et poivre, un soupçon de sauge en poudre : y verser les légumes dès qu'ils sont cuits (et très verts encore), réserver cependant trois pruneaux. Passer au mixer, et ajouter 1 c. à soupe d'huile d'olive, et l'œuf ou la farine diluée dans un peu d'eau, remuer. Ajouter les trois pruneaux coupés en petits morceaux.

2. Les Légumes

***La cuisson des légumes** est en général nécessaire pour rendre digeste la fibre qui les composent, lorsqu'elle est trop dure pour que notre système digestif puissent la digérer et l'assimiler, mis à part les salades, légumes tendres ou ceux râpés et marinés, et toutes « crudités ». Mais, compte tenu de l'importance de la consommation de légumes frais avec toutes leurs richesses en nutriments « fragiles », il convient de ne les cuire qu'avec la plus grande précaution : confions-les au mode de cuisson qui a fait ses preuves en « gastronomie-santé », la vapeur douce, en respectant des temps de cuisson très courts : al dente, préservant couleur, odeur, saveur...*

Cassolette d'Artichauts aux lardons vapeur

– 4 artichauts de Bretagne ou 8 petits violets
– 1 ou 2 blancs de poireau
– 1 paquet de lardons
– sel gris, thym, huile d'olive et de noix

Couper la queue des artichauts et effeuiller en repliant les premières feuilles sur leur base pour préserver la partie comestible, puis couper au raz de la base dès que l'on parvient aux feuilles plus tendres ; fendre en deux le cœur obtenu et enlever à la pointe du couteau le foin. Couper en huit chaque cœur. Mettre à la vapeur et couvrir, pendant que la cuisson commence (5 à 7') fendre et bien laver les blancs de poireau, les couper en tranches fines, et les ajouter à la cuisson (3') qui doit durer en tout maximum 10'. Verser dans une sauteuse, assaisonner avec sel gris, thym, et huile d'olive ; mettre les lardons à dégraisser 5 à 7' à la vapeur, puis les verser sur les artichauts, mélanger et terminer avec un filet d'huile de noix.

Servir avec une purée de pommes de terre au naturel, ou un bol de quinoa.

Crème de fenouil (très délicat)

– 4 bulbes de fenouil
– sel de mer, thym
– 2 c. à soupe d'huile d'olive

Couper les bulbes en tranches, les cuire 10 mn à la vapeur douce, verser dans une terrine, ajouter thym, sel et huile d'olive, mixer en crème : servir décoré de brins de persil et de graines de fenouil ou cumin, en accompagnement d'un poisson ou d'une volaille, avec une céréale (riz complet ou du sarrasin)

Fondue de poireaux au thym

– 2 ou 3 beaux poireaux
– 1 gros oignon blanc
– Fleur de sel
– 1 c. à soupe de thym
– 2 c. à soupe d'huile d'olive

Fendre dans le sens de la longueur et bien laver les poireaux entre les feuilles, les couper en rondelles sur une planche ; peler et émincer l'oignon, faire cuire l'ensemble cinq minutes à la vapeur douce, verser dans un saladier en inox ; assaisonner avec sel et thym, mélanger, puis ajouter l'huile d'olive : servir soit passé au mixer en crème, soit tel quel.

Accompagne pommes de terre et céréales, viandes et rôtis, terrines chaudes de viande, légumes ou poisson... et galettes de toutes sortes.

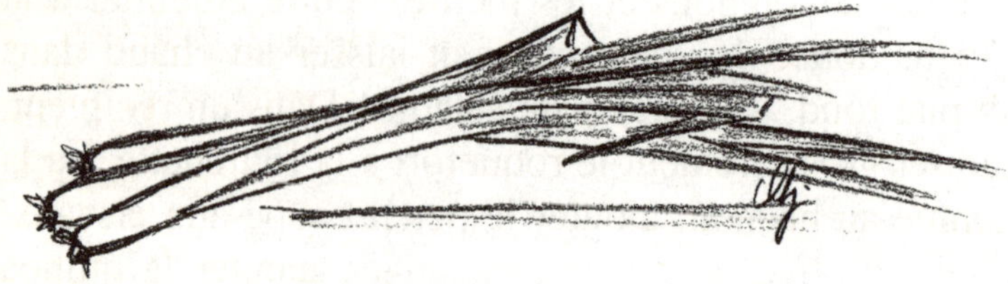

Oignons de Toulouges farcis au roquefort

- 4 oignons de Toulouges (gros oignons doux plats d'été), ou oignons doux
- 1 tranche de roquefort, ou de tomme de brebis
- 1 tasse de quinoa, en graines (cuites à la vapeur), ou flocons
- 4 ou 5 branches de persil
- 3 ou 4 figues sèches réhydratées à la vapeur 5'
- Poivre, thym, 2 c. à soupe d'huile d'olive
- 200g de petit épeautre (trempé 2h à l'avance) ou riz complet

Mettre le petit épeautre à tremper dans 1 fois $^{1}/_{2}$ d'eau une ou 2 heures avant pour accélérer sa cuisson, puis directement dans son bol dans le cuit vapeur pendant plus ou moins 25 minutes (surveiller la cuisson). Couvrir pour garder au chaud, posé sur une casserole d'eau chaude.

Peler les oignons et les mettre à cuire en entier à la vapeur douce 15', les retirer et laisser au chaud dans un plat rond, couverts d'un saladier. Dans un récipient, écraser grossièrement le roquefort à la fourchette, ou la tomme au hachoir, ajouter le persil coupé aux ciseaux, l'huile d'olive, le poivre ; mélanger, ajouter la quinoa réchauffée ou les flocons réhydratés par une tasse d'eau chaude ; enlever le cœur des oignons assez largement, le hacher aux ciseaux et l'ajouter avec le thym au mélange ; mêler et remplir les oignons. Déposer le plat sur la grille du cuit vapeur et recouvrir du couvercle, laisser finir la cuisson à feu doux environ 10 à 15'.

Servir avec le petit épeautre vapeur, arrosé d'une huile de basilic (cf assaisonnements) et garni de quelques feuilles fraîches de basilic et persil.

Pipérade d'Aubergines

– 2 grosses aubergines
– 3 oignons
– 2 ou 3 gousses d'ail
– sel gris, thym, huile d'olive.

Couper les aubergines en deux puis dans le sens de la longueur en lamelles, dans la grille du cuit vapeur ; ajouter les oignons en lamelles, laisser fondre pendant 10 minutes. Ensuite, verser dans une sauteuse, ajouter ail et thym, saler et arroser de 2 ou 3 c. à soupe d'huile d'olive : mélanger et laisser au chaud sur une plaque à température très douce. Servir avec une omelette et une chiffonnade de jambon cru, mais aussi un riz, une viande blanche, ou un poisson, cuits à la vapeur douce, ou encore une terrine de légumineuses.

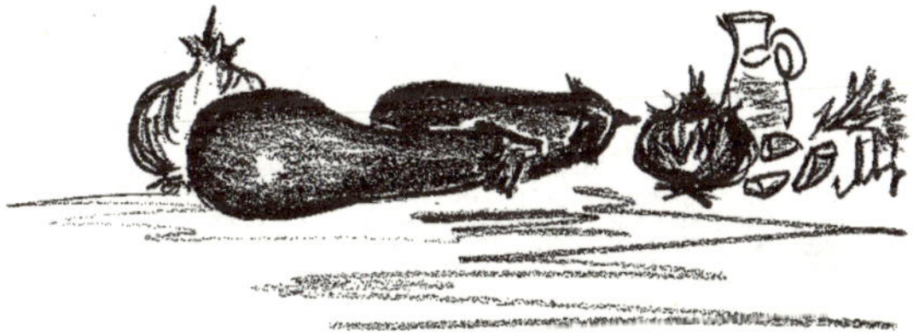

Poivrons farcis à la Catalane

par personne :
– 1 poivron rouge
– 50 g de tomme de brebis ou chèvre
– $^1/_2$ oignon blanc
– Thym

Laver les poivrons et les évider ; peler et couper en tranches fines les oignons, les passer 5' à la vapeur, et les mélanger dans un saladier avec sel, poivre et thym, avec un filet d'huile d'olive, mélanger et couvrir.

Couper le fromage en morceaux, en remplir les poivrons ; déposer ceux-ci directement sur la grille du cuit vapeur et les laisser fondre 20' à feu moyen ; les déposer dans un plat et finir de les remplir avec les oignons, servir avec un riz complet à l'origan, en dôme au milieu du plat.

Potimarron garni

– 1 potimarron moyen
– 2 oignons
– 2 ou 3 gros champignons de Paris
– Fleur de sel, poivre, thym
– 3 ou 4 branches de persil
– Tomme de brebis sèche : 100g en lamelles et 100g râpés

Couper le « chapeau » du potimarron côté queue, détacher délicatement les graines avec un couteau à dessert ou une cuiller, laisser les fibres qui les entourent. Ne pas l'éplucher. Déposer à l'envers sur la grille du cuit vapeur ainsi que le chapeau, refermer le cuit vapeur (10' environ) ; peler et couper en lamelles oignons et champignons, ajouter autour du potimarron à 5' de cuisson. Au bout de 10' de cuisson, retirer le potimarron et le déposer dans un plat creux, verser les légumes dans une jatte et assaisonner avec le sel, poivre, thym, et 2 c. à soupe d'huile de noix, mélanger puis ajouter la tomme de brebis en lamelles, mélanger encore et verser dans le potimarron ; fermer avec le chapeau et parsemer de persil coupé aux ciseaux. Couvrir d'un saladier pour garder au chaud.

Servir avec 200g de quinoa cuite à la vapeur douce (15' dans un saladier en inox avec 1 volume $^1/_2$ d'eau), et le reste de la tomme de brebis râpée dans un bol.

Ou/et avec une salade de mâche aux noix, vinaigre balsamique et huile de noix, et de la tomme de brebis ou du Roquefort.

Purée de carottes aux copeaux de brebis

- 1 kg de carottes
- 1 gros oignon
- 1 œuf
- 1 morceau de tomme de brebis un peu sèche, ou Peccorino, ou Manchego chèvre/brebis
- 1 ou 2 branches de persil, thym
- sel, poivre, huile d'olive

Brosser doucement les carottes en gardant la peau si elles sont fraîches, enlever les extrémités abîmées, couper en rondelles, cuire 5 à 10' environ (elles doivent être tendres mais avoir gardé leur couleur) au cuit vapeur avec l'oignon coupé en lamelles. Dans une cocotte, verser les légumes, ajouter thym, sel, poivre, 2 à 3 c. à soupe d'huile d'olive ; écraser au mixer en purée, en ajoutant l'œuf, la purée doit être onctueuse ; racler le fromage en copeaux avec un bon couteau sur la purée et le reste dans un bol en complément, couper le persil au ciseau par-dessus, couvrir et servir avec des pommes de terre nouvelles en robe des champs, ou du sarrasin, cuits vapeur

Purée de pommes de terre au naturel

Version purée particulièrement légère et savoureuse, révélation de saveurs simples et naturelles qui mettent en valeur viandes ou poissons sans les alourdir.

– 2 pommes de terre moyennes par personne
– 1 gros oignon blanc
– 1 c. à café de thym frais
– Sel gris
– Huile d'olive

Bien laver les pommes de terre et les couper en morceaux, on leur laisse la peau qui apporte minéraux et vitamines. Mettre dix minutes à la vapeur, avec l'oignon épluché et coupé en quatre, puis verser dans une cocotte ; ajouter le sel, le thym, et verser de l'eau chaude jusqu'à mi hauteur environ. Passer au mixer, et ajouter deux ou trois cuillerées à soupe d'huile d'olive selon quantité. Fouetter rapidement avant de servir dans un plat préalablement réchauffé, arroser d'un filet d'huile.

3. Les Légumineuses

Les légumineuses,

aliment structurel *indispensable qui devrait figurer à tous nos repas,*

ne sont pas difficiles à préparer et beaucoup moins longues à cuire qu'on ne le croit, si l'on sait les faire tremper, employer le bon moyen de cuisson, et de la bonne manière.

Pour bien cuire à la vapeur douce, elles doivent être bien réhydratées, prêtes à germer : ainsi la vapeur pourra-t-elle bien les pénétrer et jouer à plein son rôle : un temps très court leur suffit pour une cuisson à cœur, al dente (léger craquant), sans les rendre farineuses ni détruire leurs composants nutritifs si précieux : vitamines B, minéraux (et en particulier Magnésium, Zinc, Calcium, Fer), protéines de qualité, phytohormones...

Purée de pois chiches

– 200g de pois chiches
– 1 ou oignons
– 2 gousses d'ail
– Thym, sel gris, 2 c. à soupe d'huile d'olive

Faire tremper les pois la veille, ou 4 à 5 heures avant, ils peuvent aussi être germés.

Les cuire 7 à 10' au cuit vapeur, avec l'oignon coupé et les gousses d'ail ; verser le tout dans une terrine, ajouter sel et thym, couvrir d'eau chaude, et passer au mixer ; terminer en ajoutant l'huile d'olive. Cette purée se consomme chaude avec une céréale complète, un légume vert, des œufs ou une viande ou poisson.

Froide et additionnée de crème de sésame et de jus de citron, nappée d'une c. à soupe ou deux d'huile d'olive, ce sera une entrée ou un plat d'été savoureux et Méditerranéen (Houmous libanais).

Mesclun de légumineuses

- Une tasse de haricots secs (blancs, verts, rouges, noirs...), trempés 24h à l'avance
- Une tasse de pois chiches, trempés la veille
- Une tasse de lentilles et une de pois cassés, trempés 2 heures
- 1 poivron rouge et un vert coupés en dés
- 2 grosses échalotes
- Une botte de petits oignons frais + leurs fanes crues coupées finement.
- Une poignée de raisins secs.
- Huile d'olive, basilic, ail
- Sel et thym, marjolaine

Mettre au cuit vapeur d'abord les haricots pendant 8 à 10', puis les poivrons coupés en dés, les raisins secs, et par dessus les pois, les lentilles, les échalotes coupées fin et les oignons ; laisser cuire 5 à 6' à grande vapeur. Ensuite, verser le tout dans un saladier avec sel, thym et marjolaine, ajouter un ou deux verres d'eau chaude pour laisser boire et donner du moelleux aux légumineuses, mélanger doucement plusieurs fois. Au bout de 15' environ, si l'eau est absorbée on peut en rajouter : mélanger encore.

Avant de servir, ajouter les fanes vertes d'oignon coupées, l'ail, le basilic, ajouter 3 c. à soupe d'huile d'olive et mélanger encore. Servir en plat principal avec une céréale complète ou un légume, ou en accompagnement avec viande, œufs ou poisson.

Terrine de pois cassés aux fruits secs

- 300g de pois cassés
- 1 gros oignon blanc
- 2 gousses d'ail
- 2 c. à soupe d'huile d'olive
- 1 c. à café de feuilles de thym
- 1 c. à café de sel gris
- 1 poignée de raisins secs et/ou 4 figues sèches sans la queue
- 1 poire
- Poivre
- Coulis : 1 blanc de poireau, 1 gros oignon doux sel, thym, huile d'olive

Après trempage (3 à 4 heures), faire cuire les pois cassés 5 à 7 minutes directement sur la grille du cuit vapeur, avec l'oignon coupé en lamelles ; broyer au hachoir avec le thym, l'ail, le sel et l'huile, et un verre d'eau chaude ; ajouter les raisins et figues coupées en morceaux après les avoir passés trois minutes à la vapeur, mélanger et tasser dans un moule à cake huilé, laisser tiédir. Démouler sur un plat et servir avec un coulis de blancs de poireaux et oignon cuits vapeur et mixés avec huile d'olive et thym, et des tranches de poire, et décorer de pruneaux vapeur.

Autres recettes de légumineuses : voir « Salades » ci-dessus.

4. Céréales et Assimilés

***Les céréales et assimilés, pour donner toute leur richesse, seront consommés plutôt complets**, ou au moins semi complets pour commencer, et cuits à la vapeur douce qui respecte les nutriments essentiels que, comme les légumineuses, ils nous apportent. Rappelons que tout repas végétarien, si vous en faites, doit associer ces deux familles de végétaux, afin que la gamme des protéines soit complète. Et que l'on peut également les faire tremper s'ils sont complets, et germer pour multiplier leurs vitamines et phyto hormones.*

Cassolette d'avoine (ou de riz rouge) aux herbes douces

– 200g d'avoine à germer, ou de riz rouge complet
– 1 poireau
– 1 c. à café de marjolaine
– 3 ou 4 feuilles de verveine
– 1 petite botte de ciboulette
– Huile 2 c. à soupe d'olive, 1 c. de noix

Faire cuire l'avoine après l'avoir rincée, dans un bol inox avec les feuilles de verveine, et 1 fois $^1/_2$ son volume d'eau, 20' dans le cuit vapeur.

A 15' de cuisson, ajouter sur le côté du bol dans le cuit vapeur, le poireau après l'avoir fendu, bien lavé et coupé en rondelles fines ; à 20', sortir le tout et versez dans une cassolette l'avoine, le poireau, saler, ajouter la marjolaine et la ciboulette coupée aux ciseaux ; arroser d'huile et mélanger. Servir avec un plat de tofu, du fromage de brebis ou de chèvre fondus à la vapeur, ou un « ragoût du Berger » (cf Guide Pratique).

Couronne de Petit épeautre à la provençale

- 300g de petit épeautre de Haute Provence
- 4 ou 5 tomates
- 2 oignons
- Thym, sarriette
- Fleur de sel de Camargue
- 2 brins de pistou (basilic) et 2 gousses d'ail
- Huile d'olive

Laver le petit épeautre 2 ou 3 heures à l'avance, le mettre dans un moule à savarin avec 1 volume $^1/_2$ d'eau, laisser tremper (accélère la cuisson).

Laver les tomates et les couper en deux, les oignons effeuillés seront eux coupés en lamelles ; mettre à cuire le petit épeautre dans son moule dans le cuit vapeur 20' environ, retirer le moule du cuit vapeur, poser un plat par dessus et retourner le tout, laisser au chaud sur une casserole d'eau chaude ; mettre ensuite au cuit vapeur tomates et oignon 5', retirer et verser dans une casserole, avec les herbes, le sel, l'ail pilé, quelques feuilles de basilic et l'huile : mélanger, couvrir. Au moment de servir vous enlèverez le moule, verserez le mélange au centre, et couperez le reste du basilic aux ciseaux sur l'ensemble, en terminant d'un filet d'huile.

Couscous (ou boulgour) aux raisins

- 200g de couscous complet ou de boulgour fin, de blé ou de kamut
- 2 oignons blancs
- 1 tasse de raisins secs
- 1 tasse de pois chiches déjà trempés (6h), voire germés
- 1 c. à café de marjolaine et de cannelle, huile d'olive, sel

Rincer rapidement le couscous ou boulgour dans un petit saladier inox, puis le recouvrir de 2 fois son volume en eau, laisser absorber 5' ; détacher les grains doucement avec une fourchette pour aérer, puis mettre à la vapeur douce 5 à 10 minutes ; aérer encore à la fourchette et couvrir pour garder au chaud. Passer les oignons doux coupés en lamelles (on peut y joindre un poireau coupé en rondelles fines), les pois chiches et les raisins secs, 5 à 7 minutes à la vapeur, puis verser dans un saladier, arroser d'huile, marjolaine, cannelle, sel, mélanger, ajouter le couscous, mélanger le tout et servir chaud : soit en accompagnement de volaille ou viande blanche, soit en plat unique avec une salade et des fruits...

Couscous de quinoa aux fruits

– 200g de quinoa
– 1 citron
– 2 poires
– 1 fenouil frais
– 1 oignon doux
– 1 beau poireau
– 1 grosse poignée de raisins muscats
– 1 bouquet d'aneth ou de vert de fenouil frais
– 1 bouquet de ciboulette
– thym, cumin
– sel gris, citron, huile d'olive

Laver 200g de quinoa dans une passoire, mettre à cuire dans une coupe en inox recouverte d'1 fois $^1/_2$ son volume d'eau filtrée ou minérale douce, laisser cuire (env. 15mn) jusqu'à ce que les germes apparaissent ; verser dans un grand saladier, couvrir et laisser au chaud.

Couper en deux dans la longueur puis laver soigneusement le fenouil en écartant les feuilles, puis le couper dans la largeur en tranches d'1 cm environ. Fendre dans la longueur pour bien laver, et couper en rondelles fines le poireau dont vous aurez conservé les feuilles vertes, sauf les bouts secs et « cartonneux » ; effeuiller et couper en lamelles les oignons.

Mettre le tout au cuit vapeur : cuire 5 à 7 minutes ; verser dans le saladier, ajouter thym, sel, parsemez de cumin en poudre, sel, arroser de 2 ou 3 c. à soupe d'huile d'olive. Mélanger délicatement, couvrez..

Passer citron et poire 3' à la vapeur, les couper avec peau en quartiers puis tranches, ajouter ainsi que les grains de raisin lavés. Couper ciboulette et aneth finement.

Arroser avec un peu d'huile d'olive, le jus d'un citron, mélanger doucement.

Décorer de quelques raisins secs et pignons.

Servir en plat unique avec un plateau de chèvres et brebis secs et des fruits : figues, poires...

Mendiant de sarrasin aux pommes

> *Le* **sarrasin** *vaut la peine d'être redécouvert : il apporte des minéraux en quantité, en particulier du magnésium, et se cuisine sans façon : en grain rustique qu'il est, le naturel lui sied et il ne provoque pas d'intolérances.*

– 250g de sarrasin complet ou décortiqué
– 1 tasse de raisins secs
– 1 poireau
– 2 pommes
– 1 tasse de cerneaux de noix trempés 1 heure
– sel gris, marjolaine, sarriette
– 1 petite botte de persil
– huile d'olive

Mettre le sarrasin dans un bol inox à cuire avec 1 volume $^1/_2$ d'eau pendant 15 à 20'. Verser dans un saladier et couvrir. Mettre ensuite à la vapeur douce les raisins secs, puis le poireau après l'avoir fendu, bien lavé, et coupé en rondelles, et les pommes lavées, et coupées en tranches en n'enlevant que la queue et le cœur ; couvrir et laisser 5 à 7'. Le poireau doit rester bien vert et un peu transparent. Verser sur le sarrasin, avec sel, marjolaine, sarriette, le persil haché, et 4 c. à soupe d'huile d'olive. Bien mélanger et garnir avec les cerneaux de noix.

Riz complet à l'origan

– 300g de riz complet
– 1 c. à café d'origan
– 2 ou 3 c. à soupe d'huile d'olive
– sel gris

Rincer le riz dans une passoire, le verser dans un saladier en inox à fond étroit, le recouvrir d'1 volume $^1/_2$ d'eau, et le mettre à la vapeur pendant 20' ; ajouter l'origan, le sel et l'huile, mélanger, couper le feu et laisser au chaud dans le cuit vapeur jusqu'au moment de servir : renverser sur un plat et décorer de persil.

Cette recette d'inspiration grecque accompagne chaleureusement les plats à dominante de parfums méditerranéens.

5. Volailles et Viandes

La viande, cuite à la vapeur ? Impossible !

De nouveau le spectre du « bouilli » fait une réputation catastrophique à la cuisson vapeur, et pourtant ! ! ! C'est la cuisson vapeur qui respecte le mieux texture et arômes, et qualités nutritives des viandes de toutes sortes, les rendant bien plus digestes et moins grasses, moins dangereuses pour notre santé... Certes il faut oublier les parfums enivrants des viandes grillées dues aux graisses brûlées, les fameux benzopyrènes de triste renommée...

Si vous aimez une viande moelleuse et savoureuse, fondant sous la dent, et ne pesant pas sur l'estomac, mais se mariant avec bonheur à un nombre infini de combinaisons de sauces et condiments, de plats eux aussi pleins de parfums et de saveurs, alors traitez bien vos tous aliments, viandes incluses : confiez-les à la vapeur douce !

Salez vos viandes 5' avant cuisson pour qu'elles crachent mieux leurs toxines sous l'action de la vapeur douce, cuisez-les rapidement et ôtez-les dès qu'elles ont uniformément blanchi leur surface pour les viandes rouges dont le canard, et l'intérieur pour les volailles. Les viandes à longue cuisson seront sorties dès qu'elles seront devenues tendres (20 à 30').

1. Les œufs

L'œuf est un trésor. Trahi par une science de la nutrition balbutiante dans les débuts de la traque inconditionnelle du cholestérol, il est réhabilité comme aliment de fond, soutien des convalescents, adolescents, sénescents, et de nous tous en fait qui retrouvons notre âme d'enfants devant cet ami de toujours : l'œuf à la coque, au plat ou en omelette « baveuse », nous remet les idées et le corps en place. 5 œufs par semaine suffisent, fermiers ou bio, qui apportent minéraux et bons acides gras.

ŒUFS À LA COQUE ! OU MOLLETS...

Le jaune doit être le moins cuit possible. L'œuf contient entre autres, du soufre (lutte contre les refroidissements et infections), qui se transforme en partie en gaz d'odeur désagréable à la cuisson : la vapeur douce laisse ce gaz s'évacuer à travers les pores de la coquille.

Coque 4', mollets 7', durs 10', à la vapeur douce.

Au plat : à feu très doux et le blanc (juste pris).

Les œufs, fermiers ou bio de préférence, seront un mets savoureux et plein de finesse s'ils ne sont pas trop cuits, pour garder le moelleux et la saveur chaude de l'œuf à la coque de notre enfance. Épluchés et coupés encore tièdes et mollets dans une terrine, servez-les accompagnés de fines herbes : ce cocktail de santé où le bon cholestérol dont notre corps a besoin s'enrichit de vitamines, antioxydants et phytohormones, liés de la façon la plus chaleureuse par l'huile d'olive agrémentée d'un filet d'huile de noix. Quelques gouttes de vinaigre balsamique au moment de servir feront le reste...

Délice aux œufs frais

– 2 œufs par personne
– 2 ou trois échalotes
– 1 c. à café de thym frais
– 2 c. à soupe de ciboulette coupée
– 1 c. à soupe de basilic coupé
– 1 c. à soupe d'huile d'olive
– 1 c. à café d'huile de noix
– Fleur de sel

Cuire les œufs cinq minutes à la vapeur douce, les passer à l'eau froide ; dans un grand bol en grès ou porcelaine réchauffé (gardent mieux la chaleur), faire tomber le contenu des œufs délicatement avec une cuiller, ajouter le thym, le sel et les huiles, mélanger.

Éplucher les échalotes et les couper en petits morceaux. Les mettre au cuit vapeur trois minutes, ajouter aux œufs et mélanger.

Ajouter les fines herbes, mêler le tout, couvrir et servir avec pommes de terre, légumes, légumineuses ou céréales complètes en repas chaud ; ou encore sur une grosse salade

Salade d'œufs aux herbes

- 1 œuf par personne, plus 2
- 1 ou deux oignons doux avec fanes
- 2 branches de basilic
- 4 branches de persil
- Quelques feuilles tendres d'achillée ou d'armoise si vous en avez dans votre jardin
- 1 jus de citron ou 2 c. à soupe de vinaigre de cidre
- 3 cuillerées à soupe d'huile d'olive
- Sel gris, poivre, thym et marjolaine

Cuire les œufs 8 mn à la vapeur douce, les passer à l'eau froide.

Couper les oignons en tranches fines dans un saladier, en réservant les fanes, les saler et les assaisonner. Laisser attendre $^1/_2$ heure, puis ajouter les œufs coupés parsemés à chaud de thym et marjolaine, les fanes d'oignon coupées aux ciseaux ainsi que persil et basilic, mélanger délicatement et servir comme plat principal avec un riz complet ou des pommes de terre vapeur avec leur peau, et une laitue en salade.

L'Omelette d'épinards et sa salade

– 2 œufs par personne, plus un
– Une poignée d'épinards frais bien verts à cuire
– Une poignée de feuilles tendres d'épinards pour la salade
– Une poignée de feuilles de roquette ou de mâche
– Un cœur de laitue
– Une orange
– Sel, poivre, thym, huile d'olive

Dans un saladier mêler les feuilles lavées d'épinards tendres avec celles de roquette et de laitue, arroser d'un filet d'huile, saler et poivrer, décorer de tranches fines d'orange lavées, avec leur peau (passer l'orange 2' à la vapeur douce pour la nettoyer des traitements).

Battre les œufs en omelette avec deux cuillerées à soupe d'eau, sel ; passer les épinards à la vapeur 3 minutes. Dans une poêle à feu vif, mettre, sur 1 cuillerée d'huile, thym et sel. Couper les feuilles d'épinards, remuer rapidement et verser immédiatement dessus les œufs, l'huile ne doit pas gicler : terminer rapidement l'omelette en la laissant très coulante et couper le feu.

Servir tout de suite l'omelette sur un grand plat, décorée de quelques feuilles et tranches d'orange, avec la salade, et accompagnée d'un bol de riz complet, de quinoa, ou de quelques pommes de terre vapeur en tranches avec leur peau.

2. Les volailles

> ***La chair des volailles doit rester moelleuse*** *sans sécher (ce qui la dénature) par trop de cuisson. La vapeur douce cuit rapidement et en profondeur sans dessécher, il convient de surveiller que la cuisson soit stoppée la viande encore à peine saignante. Le canard quant à lui doit impérativement être servi saignant, voire bleu pour les magrets et aiguillettes. On gagne donc à pratiquer une cuisson très rapide juste avant de servir...*

Aiguillettes de canard aux fruits d'automne

– 2 ou 3 aiguillettes de canard par personne
– 3 ou 4 échalotes
– 2 coings
– 1 grosse poignée de raisin type Muscat ou Italia , ou de pruneaux dénoyautés
– 1 citron, 1 c. à café de miel
– Thym, sel, huile d'olive
– Saler les aiguillettes, réserver.

Mettre à chauffer le cuit vapeur, laver et couper les coings en tranches fines sans les éplucher, éplucher et couper en lamelles les échalotes (en réserver une demie), laver les grains de raisin, ou les pruneaux, couper quelques zestes de citron et mettre le tout à la vapeur 5 minutes. Verser dans une sauteuse avec 3 c. à soupe d'huile d'olive, thym, sel, mélanger, chauffer trois minutes, couper et couvrir.

Presser le jus du citron, verser dans une cassolette, ajouter une tasse de jus de pomme, la demi-échalote crue coupée en fines lamelles, thym, sel, une c. à soupe d'huile, faire chauffer doucement sans bouillir. Ajouter au moment de servir une c. à café de miel.

Faire cuire rapidement les aiguillettes de canard (2' de chaque côté) au cuit vapeur, les déposer sur le dessus des fruits cuits, et napper de la sauce au citron. Servir avec un riz complet rouge.

Blanquette de Dinde

– 1 ou 2 cuisses de dinde selon grosseur
– 2 oignons
– 1 citron bio
– 100g d'olives cassées
– 1 carotte moyenne
– Thym, laurier, sauge, sel, huile d'olive

Faire chauffer l'eau du cuit vapeur. Y mettre à cuire un bol de riz complet (1 volume et demi d'eau pour un volume de riz) pour 15 à 20'. Retirer et garder au chaud, posé sur une casserole d'eau chaude et à couvert.

Débiter la dinde en morceaux de taille moyenne, les saler, attendre quelques minutes et les mettre au cuit vapeur (10' environ). Dans l'intervalle, brosser les carottes, enlever leurs extrémités et les couper en rondelles, puis éplucher et couper les oignons en lamelles, ajouter le tout à la viande à 5' de cuisson, avec les olives. Au bout de 10 minutes totales, verser dans une cocotte et assaisonner avec thym, laurier, sauge, sel, et deux c. à soupe d'huile d'olive, mélanger et couvrir. Couper le citron et en presser le jus, puis découper la moitié de sa peau en lichettes aux ciseaux, passer cinq minutes à la vapeur, ajouter au reste.

Arroser le tout de deux verres d'eau très chaude, mélanger et laisser cinq à six minutes infuser sur un feu très doux. Battre dans un bol un jaune d'œuf avec le jus de citron, ajouter au mélange juste avant de servir, accompagné du riz complet.

Pour une touche orientale, on peut ajouter au dernier moment 1 c. à café de cumin et 1 tasse de raisins secs passés 5' à la vapeur.

Carpaccio de poulet bio

- $^1/_2$ à 1 filet de poulet bio par personne
- 1 bouquet de cébettes ou oignons frais avec fane
- 2 ou 3 tomates « Roma » charnues
- sauge, marjolaine, ou thym
- sel gris, huile d'olive, vinaigre doux de Banyuls ou autre (cidre, balsamique, miel, figues...)

Couper les filets en tranches très fines, les saler et ajouter les herbes, le sel et l'huile ; disposer sur un grand plat, parsemer de tranches fines d'oignon et de leurs fanes coupées aux ciseaux, arroser du vinaigre doux, servir entouré de belles feuilles de laitue et accompagné de purée de tomates fraîches au basilic.

(Passer les tomates 5' à la vapeur douce, les retirer, laisser refroidir. Peler, écraser dans un bol avec sel et 1 c. à café d'huile d'olive. Napper d'huile au basilic).

Émincé de poulet aux légumes

> ***Il faut savoir s'inspirer de la cuisine chinoise**, qui coupe les aliments en très petits morceaux afin de les cuire le plus rapidement possible, ce qui permet de les garder pleins de saveur, très frais et moelleux ou un peu craquants, sans abîmer leurs qualités nutritionnelles.*

– Un filet de poulet par personne
– 1 oignon
– 1 poireau
– 1 tasse de petits pois extra fins écossés (ou surgelés)
– 1 brocoli
– Sel, poivre, huile d'olive

Couper les filets dans la largeur en tranches minces, saler ; peler et émincer l'oignon, puis laver après l'avoir fendu le poireau, enlever le haut trop rigide des feuilles vertes (sans oublier que le vert est très riche en vitamines et minéraux, différents du blanc) et couper en rondelles.

Disperser les émincés de poulet sur la grille du cuit vapeur, laisser trois minutes puis les retourner rapidement, couvrir une minute, recommencer et les enlever à peine cuits (blanchis) pour les verser dans un saladier épais préchauffé à l'eau très chaude : ajouter thym, sel et huile d'olive, mélanger et couvrir. Mettre les petits pois, puis cinq minutes après ajouter les oignons et le poireau pour cinq minutes de plus au cuit vapeur, pour les verser ensuite sur le poulet, mélanger doucement et couvrir. Servir avec un riz parfumé cuit vapeur à la chinoise dans un saladier inox avec 1 fois $^1/_2$ son volume d'eau (15').

Magrets marinés aux agrumes

– 2 magrets de canard
– 2 cœurs de poireau
– 1 échalote
– 1 pamplemousse entier
– 1 orange pressée
– vinaigre de cidre, sel, huile d'olive
– baies roses, sucre complet

Dans une jatte préparer une sauce avec 3 c. à soupe de vinaigre de cidre, 3 pincées de sel, 1 c. à café de sucre complet, y couper l'échalote finement, mélanger et laisser mariner 1/2h. Préparer dans un bol les cœurs de poireaux coupés en très fines tranches, et presser le jus d'une orange, le mélanger à la marinade. Passer le pamplemousse entier 5' à la vapeur douce, puis couper en quartiers, puis les quartiers en tranches, réserver. Couper les magrets en tranches fines, les ranger dans un plat creux et alterner les couches de magrets avec le poireau et le pamplemousse coupé en arrosant chaque couche avec la marinade. Mettre au frais et servir une ou deux heures plus tard, avec les baies roses.

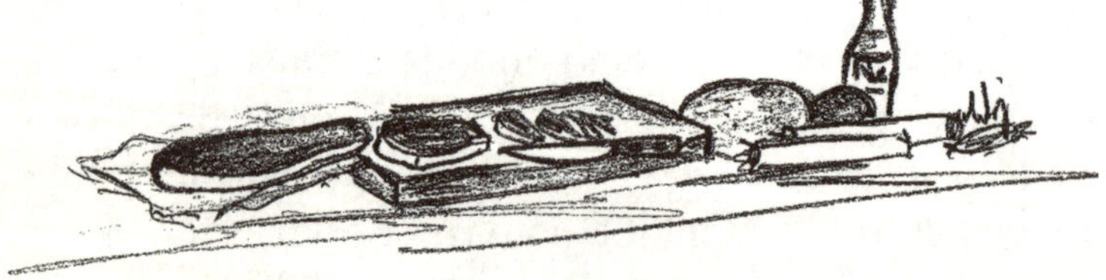

Pigeons aux pois primeur

(Riche en Fer)

- 2 ou 3 pigeons (1 pour deux environ)
- 300 g de petits pois printaniers extra-fins, frais écossés ou surgelés
- 1 poireau, 1 oignon blanc
- 1 bouquet de petits oignons frais avec fanes
- 1 ou 2 patates douces, ou 1 petit potimarron
- Quelques bouquets de pissenlit, roquette ou branches de cresson
- Sel, thym frais, huile d'olive

Saler les pigeons et les mettre au cuit vapeur 20 minutes environ jusqu'à ce que la pointe du couteau y entre moelleusement sans les faire saigner.

Pendant que les pigeons cuisent, laver et couper le poireau en rondelles après l'avoir fendu dans le sens de la longueur à partir de la racine (enlevée), en n'ôtant que les parties très vertes et rigides des feuilles (garder ce qui est vert tendre). Laver de même et ajouter l'oignon blanc coupé en lichettes, et les parties blanches des oignons frais ; couper à part aux ciseaux les fanes et les réserver ; brosser les patates, ôter leurs extrémités, les couper en dés ; ou sinon laver le potimarron, ouvrir et ôter les graines, couper en dés.

Enlever les pigeons et les déposer dans une cocotte chaude sur un lit de thym et d'huile d'olive, couvrir ; mettre les patates douces ou le potimarron au cuit vapeur, y ajouter les petits pois (5'), puis les oignons et le poireau (5' de plus) ; au bout de 10' totales, verser sur les pigeons, mélanger bien, ajouter un verre d'eau chaude , sel, 1 morceau de sucre, remuer, couvrir, et garder au chaud.

Servir avec un bol de quinoa ou un riz complet rouge.

Pintade aux doux légumes

– 1 pintade découpée
– 4 ou 5 échalotes
– 1 oignon blanc
– 4 ou 5 patates douces
– 1 brocoli, 1 cœur de poireau
– 1 poignée de pois gourmands
– 1 c. à café de sauge en poudre
– Huile d'olive, sel, poivre, baies roses

Peler et couper en lamelles les échalotes, ainsi que l'oignon blanc, enlever queues et filaments des pois gourmands, bien rincer ; brosser sous l'eau les patates douces, leur ôter extrémités et imperfections mais leur laisser la peau, les couper en quartiers ; couper les brocolis en petits bouquets et tiges, et fendre le poireau pour en couper le cœur en petites rondelles.

Faire cuire les découpes de pintade, salées au préalable, 10 à 15' selon les morceaux : les filets seront retirés dès qu'ils auront blanchi sur toute leur surface (entre 6 et 10' selon épaisseur), et les cuisses 5' de plus. La chair doit rester moelleuse sans sécher par trop de cuisson.

Lorsqu'elles sont cuites, les retirer et les déposer dans un plat, couvertes d'un saladier renversé. Mettre les légumes à cuire 10' : commencer par les pois gourmands et les patates, puis les autres après 5' de cuisson : retirer le tout à 10', verser dans un plat creux, assaisonner avec herbes, sel, poivre, huile, mélanger ; recouvrir ou entourer des morceaux de pintade, parsemer de baies roses, servir chaud (on peut garder à couvert 10 à 15').

Ragoût de dinde créole

- 500 g de morceaux de dinde coupés (gigot ou filet)
- 4 échalotes
- 2 blancs de poireau
- 5 patates douces
- 2 grosses bananes (plantin ou verte)
- Sel gris, huile d'olive
- Curcuma, sésame

Saler les morceaux de dinde. Passer 5 à 10 minutes à la vapeur douce de façon à ce qu'ils soient juste cuits et encore rosés à l'intérieur, verser dans une marmite ou plat creux chaud, couvrir.

Brosser sous l'eau courante et couper les extrémités des patates douces, peler les bananes : couper en rondelles. Mettre à la vapeur douce. Pendant les 5 premières minutes de cuisson, éplucher et couper en long les échalotes, laver et couper les blancs de poireau en rondelles. Ajouter au cuit vapeur, laisser encore 3 à 4', verser le tout sur les morceaux de dinde, saler, ajouter l'huile, le curcuma, mélanger doucement et servir chaud saupoudré de sésame, avec une laitue et des galettes de quinoa. Et un bel ananas pour dessert.

3. Les viandes rouges

Riches en acides gras saturés, ***les viandes rouges doivent être le moins cuites possible*** *et surtout ne pas brûler.*

La vapeur douce dans leur cas apporte deux avantages majeurs : elle permet par « sudation » d'éliminer en partie ces graisses et d'éventuelles substances toxiques absorbées par l'animal, et la cuisson à 95° ne transforme pas la structure chimique des acides gras.

Cuisson des viandes rouges

– les saler quelques minutes avant cuisson afin de faciliter l'élimination,

– les cuire rapidement :

Il faut les déposer sur la grille du cuit vapeur, couvrir, laisser un premier temps de cuisson, puis ouvrir pour retourner la viande, couvrir pour terminer la cuisson, et retirer rapidement :

– pour un steak fin 1 à 2' de chaque côté,

– pour un chateaubriand, 3' environ de chaque côté,

– pour une côte de bœuf moyenne, 5' de chaque côté.

Assaisonner dès la sortie avec herbes, poivre, et huile d'olive, un condiment, ou une sauce prévue à cet effet.

Caquelon de boulettes de viande aux tomates

– Viande de bœuf, agneau (ou canard), hachée : 80 à 100g/personne
– 1 tomate/personne
– $^{1}/_{2}$ oignon /personne
– 2 ou 3 échalotes
– 1 c. à café de thym en feuilles, laurier
– Sel gris, poivre, huile d'olive

Peler les oignons et échalotes, les couper en lamelles ; laver les tomates, les couper en quatre ; passer les oignons et les tomates 5' au cuit vapeur, verser dans une sauteuse avec 2 c. à soupe d'huile d'olive , un peu de laurier et du thym, mélanger et couvrir.

Assaisonner la viande hachée avec du thym, du sel, du poivre, ajouter les échalotes, mélanger et former en boulettes (3 ou 4 par personne). Déposer les boulettes sur la grille du cuit vapeur et laisser cuire 3 à 4 minutes, puis verser dans la sauteuse, faire entrer les boulettes dans la sauce sans les écraser, et servir avec un boulgour cuit 10' à la vapeur douce, dans un saladier inox avec un volume et demi d'eau.

Émincé d'agneau aux légumes verts

– 100g de gigot d'agneau par personne
– $^1/_2$ de chou frisé
– 1 courgette
– 1 brocoli
– 1 botte d'oignons frais avec fanes
– 1 poireau
– thym, sel, huile d'olive

Dans un saladier, mettre successivement : le chou vert coupé très fin, la courgette lavée puis coupée en petits dés, le brocoli coupé en petits bouquets et sa queue en petits morceaux (enlever la peau des parties trop dures), les oignons frais coupés en tranches fines et les queues mises à part, le poireau coupé en rondelles (vert inclus) : verser dans le cuit vapeur en pleine ébullition, pour 5' de cuisson ; puis de là dans une sauteuse préalablement chauffée avec 2 ou 3 c. à soupe d'huile d'olive, thym, sel, mélanger, couvrir.

Pendant la cuisson vous aurez découpé l'agneau en petites tranches courtes : les saler, puis les passer en deux ou trois « fournées » à la vapeur : les étaler sur le tamis, sans qu'ils se chevauchent, couvrir 2', puis les retourner, couvrir pour 1' de cuisson sans plus et verser directement sur les légumes. Mélanger le tout et servir avec un riz thaï ou basmati, , cuit 15 à 20'à la vapeur, dans un bol avec 1 volume $^1/_2$ d'eau (ou du petit épeautre, 20 à 25').

Sauté de viande aux petits légumes

- 100g par personne de viande rouge ou blanche coupée en fins morceaux
- 2 carottes, 1 courgette, coupées en dés
- 1 tomate
- 1 poignée de haricots verts, ou pois gourmands
- 1 oignon
- 1 demi poireau, 1 ou 2 oignons frais avec fanes
- 1 tasse de petits pois
- thym, sel gris
- huile d'olive

Saler les morceaux de viande et les réserver. Préparer les légumes, les laver, éplucher (sauf courgettes) et couper en dés ou lamelles, les passer 5' à la vapeur douce, verser dans une sauteuse avec thym et huile d'olive, mélanger et couvrir ; verser les morceaux de viande sur la grille du cuit vapeur en plusieurs fois, les répartir sur le fond de la grille, couvrir 2', puis soulever le couvercle et les remuer avec une spatule rapidement. Dès qu'ils ont changé de couleur, les verser dans la sauteuse et recommencer avec le reste des morceaux de viande. L'important est qu'ils ne soient pas recouverts afin de permettre une saisie rapide et uniforme.

A servir avec un bol de riz parfumé cuit vapeur.

On peut aussi parfumer ce plat selon les goûts, aux épices indiennes (curry), chinoises (5 épices et huile de sésame) ou orientales (cumin, cannelle...).

Tajine d'agneau aux légumes

– 500g d'épaule d'agneau en petits morceaux, salée 5 mn avant cuisson ;
– 2 oignons, 2 ou 3 gousses d'ail
– 1 poivron rouge, 1 vert
– 2 petites courgettes et 2 tomates
– 2 carottes, 1 tasse de petits pois frais ou surgelés extra-fins
– 2 c. à soupe d'huile d'olive
– 2 c. à soupe de cumin, thym, sel gris

Saler la viande, la mettre à cuire environ 30 mn au vitaliseur, vérifier la cuisson (viande très tendre) avec une pointe de couteau. Mettre dans une sauteuse avec thym, sel, huile d'olive, et couvrez.

Mettre au vitaliseur les poivrons et carottes, l'ail coupé, l'oignon en lamelles, les petits pois, couvrir, laisser cuire 4 à 5mn : ajouter les courgettes coupées en dés et les tomates coupées en quatre, pour 5 mn de plus, puis verser sur l'agneau, mélanger doucement, saler et ajouter le cumin : réchauffer légèrement le plat, couvrir et laisser se confondre tous les parfums ; servir avec un riz basmati (ou un couscous complet, boulgour...) et quelques olives amères et raisins.

4. La Charcuterie permise à tous ?

Le porc d'élevage classique est riche en graisses saturées, largement médicalisé, et la charcuterie soumise à des cuissons prolongées et de nombreuses opérations de conservation et de préparation. C'est cependant un aliment souvent sur nos tables, et qu'il est facile d'améliorer considérablement si l'on n'a pas accès à des produits bio ou fermiers élevés dans des conditions naturelles. La cuisson vapeur trouve là une application particulièrement adaptée, comme le montre le test de la tranche de jambon, qui, passée 5' à la vapeur douce, évacue graisse, conservateurs, colorants et autres additifs et en sort régénérée avec une bonne odeur de jambon « à l'os ».

Elle permet en outre de consommer de la charcuterie sans problème de digestion, la vapeur d'eau, à 95°, ne transformant pas graisses et protéines en produits indigestes, et évacuant une bonne part des graisses.

Boudin catalan en salade chaude

– 2 boudins catalans
– 1 gros oignon blanc (ou 2) des Cévennes
– 2 cébettes ou 1 bouquet de ciboulette
– 2 pommes reinettes
– Vinaigre de Banyuls ou balsamique 2 c. à soupe
– Huile d'olive

Couper les boudins en tranches épaisses de 2 cm environ, les cuire 10mn à la vapeur douce, ajouter les oignons émincés pour 5mn de plus, verser dans un plat creux préchauffé, ajouter le thym à chaud et l'huile, mélanger ; arroser de vinaigre au moment de servir et mélanger doucement. Servez avec les pommes reinettes en quartier passée 5 à 7 mn à la vapeur, et du riz vapeur.

Choucroute fraîche à la vapeur douce

- 1 chou vert moyen
- 1 grosse pomme de terre ou 2 moyennes par personne
- 1 chipolata ou 1 morceau de saucisse fraîche, par personne
- 1 ou 2 tranches de poitrine salée peu grasse
- 1 tranche épaisse de jambon
- Baies roses, sel gris, poivre vert
- Vinaigre de cidre ou de miel, huile d'olive

Sur la grille du cuit vapeur en ébullition, déposer les pièces de charcuterie et les laisser cuire 15', puis ajouter le jambon pour 5' de plus, retirer et mettre à couvert dans un saladier.

Laver le chou, le couper en deux à l'aide d'un grand couteau sur une planche, puis le débiter en lamelles en ne laissant que le tronc qui peut être utilisé pour épaissir une soupe de légumes. Le verser dans un saladier, avec sel, vinaigre, bien mélanger et laisser mariner une ou deux heures.

Bien laver les pommes de terre et les mettre à cuire entières ou par moitié à la vapeur douce (10 à 15')

Lorsqu'elles sont cuites, les retirer et les garder au chaud dans un plat couvert.

Passer le chou après l'avoir égoutté, 5 à 8' au cuit vapeur, puis le verser dans un plat creux préalablement chauffé, ajouter le poivre vert, les baies roses, et trois cuillerées à soupe d'huile d'olive, bien mélanger, et arroser avec la marinade.

Entourer le chou des pommes de terre et déposer la charcuterie dessus, servir chaud en plat unique.

Jambonneau aux épinards du jardin

– 1 jambonneau
– 2 bouquets d'épinards frais par personne
– 2 pommes
– 2 oignons
– 1 bol de sarrasin décortiqué
– (ou 3 petites pommes de terre de couleurs différentes par personne)
– huile d'olive
– poivre,sel gris
– vinaigre balsamique.

Faire cuire d'abord le sarrasin (dans un bol avec 1 fois $^{1}/_{2}$ d'eau, 15 à 20' selon volume) ou les pommes de terre, garder au chaud à couvert ; couper en quatre le jambonneau et le mettre à chauffer et « transpirer » 5' à la vapeur douce, réserver. Enfin, passer les pieds d'épinards par 2 ou 3 à la vapeur douce 3' et les déposer sur un plat creux, entourer des morceaux de jambon et servir accompagné du sarrasin ou des pommes de terre, avec huile d'olive, poivre, sel gris et vinaigre balsamique.

Cannellonis de jambon aux deux purées

Par personne :
– 1 à 2 tranches de jambon
– 1 patate douce moyenne
– 1/2 (ou 1 petit) fenouil
– sel gris, thym, huile d'olive

Cuire les patates douces et les fenouils coupés en tranches en même temps, mais séparés sur la grille du cuit vapeur, 10' environ (les sortir dès que la pointe du couteau s'y enfonce facilement), les réduire en purée au mixer ou hachoir séparément, et les assaisonner avec sel gris, huile d'olive, et thym ; ajouter un peu de poivre dans les patates douces.

Passer une à une les tranches de jambon pendant 2' à la vapeur, et au fur et à mesure garnir chaque tranche avec 1 à 2 c. à soupe de l'une ou l'autre purée. Ranger dans un plat épais, arroser d'un filet d'huile d'olive, servir avec un chou vert vapeur ou une salade de mâche ou d'endives.

6. Les Poissons et Fruits de mer

La Vapeur Courte des produits de la mer

Aliments d'origine animale nécessitant une attention et des soins particuliers, si l'on en croit les règles délicates du vrai « court-bouillon » et des marinades ou salaisons et congélations, les produits de la mer sont mieux respectés par la cuisson vapeur si l'on la pratique elle aussi avec prudence : l'ébullition doit, là aussi, être « courte » pour éviter que l'eau ne monte à l'intérieur de la marmite et n'inonde et abîme en les cuisant trop ces aliments.

Mais, bien pratiquée, la vapeur « courte » vous rend des mets délicats et savoureux pleins de qualités que vous aurez plaisir à mettre au moins trois fois par semaine sur votre table, accompagnés des sauces et condiments qu'ils méritent !

Brandade de morue fraîche

– 500g de cabillaud en filets
– 1 gros oignon
– 3 gousses d'ail frais
– Huile d'olive
– Sel gris
– Tomme de brebis râpée

Mettre les filets de cabillaud (sans qu'ils se touchent) sur la grille du cuit vapeur à ébullition réduite pendant 5 à 10', dès que la chair se détache et blanchit, verser dans un saladier et ajouter sel et ail, couvrir. L'oignon, coupé en tranches, sera cuit 5' et les gousses d'ail 2' (ajoutées au bout de 3' à l'oignon), puis ajoutés au reste, avec quatre ou cinq cuillerées d'huile d'olive, le sel et un verre d'eau tiède : passer au mixer longuement pour obtenir une pâte onctueuse que l'on peut servir dans des pommes de terre creusées, ou sur des toasts grillées, ou des demi courgettes vapeur, accompagnées de tomme de brebis râpée.

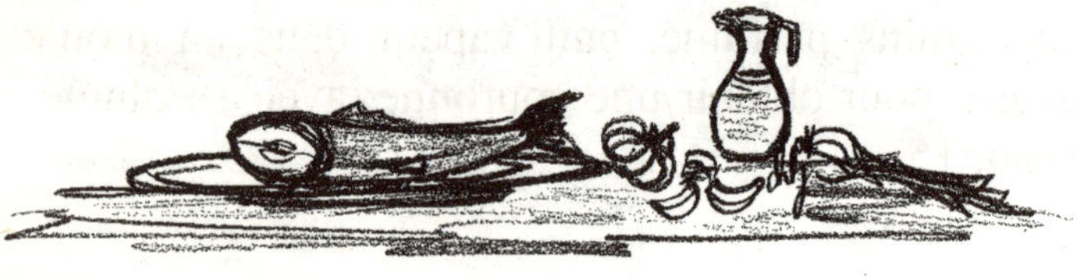

Coupe de moules fraîches en bourride

- 1 botte d'oignons frais
- 1 tête d'ail frais
- 1 botte de persil
- 2 kg de moules fraîches
- huile d'olive

Couper les fanes des oignons et les réserver ; laver et couper les oignons après les avoir débarrassés de leurs peaux et racines, en petits morceaux, peler l'ail et le couper en morceaux, passer le tout 3' à la vapeur, verser dans une sauteuse nappée de 3 c. à soupe d'huile d'olive et 1 c. à café de thym et de sarriette, saler, mélanger.

Après les avoir bien grattées et lavées, faites ouvrir les moules dans le tamis du cuit vapeur 2 à 3', puis retirer et couper la partie supérieure de chaque moule, ou laisser entières et verser directement dans la sauteuse, ajouter les fanes fraîches coupées aux ciseaux, mélanger et couvrir.

Servir dressé sur un plat creux chauffé, en disposant les plus belles moules sur le dessus, et entouré de croûtons frottés à l'ail. Accompagner d'un riz blanc long grains parfumé, cuit vapeur dans un moule à savarin pour obtenir une couronne, avec 1 volume $^1/_2$ d'eau, 15'.

Couscous de quinoa aux feuillets de rascasse

– 2 filets très épais de rascasse ou cabillaud
– 2 fenouils frais
– 2 oignons doux
– 2 branches d'aneth
– 1 beau poireau
– 1 tranche de potimarron
– thym, 1 c. à café de cumin en poudre
– sel gris, citron, huile d'olive
– 1 orange

Laver 200g de quinoa dans une passoire, mettre à cuire dans une coupe en inox recouverte d'1 fois $^1/_2$ son volume d'eau filtrée ou minérale douce, laisser cuire (env. 15mn) jusqu'à ce que les germes apparaissent, couvrir et laisser au chaud.

Couper en deux dans la longueur puis laver soigneusement vos fenouils en réservant les feuilles, puis les couper dans la largeur en tranches d'1 cm environ, faire cuire 5 à 10 mn au cuit vapeur selon tendresse, déposer dans une grande sauteuse , parsemez de thym et de cumin en poudre, sel, arroser de 2 ou 3 c. à soupe d'huile d'olive. Fendre dans la longueur pour bien laver, et couper en rondelles fines le poireau, y compris les feuilles vertes, sauf les bouts secs et « cartonneux », effeuiller et couper en lamelles les oignons, mettre au cuit vapeur et ajouter sur le dessus le potimarron coupé en dés, cuire 5 à 7 minutes , verser dans la sauteuse, ajouter thym, sel, mélanger délicatement, couvrez.

Déposer vos filets de rascasse (cabillaud) un à un sur la grille du cuit vapeur, cuire à feu réduit en surveillant l'aspect des filets : dès qu'ils commencent à se détacher en copeaux mais encore légèrement transparents, les sortir avec une palette large sans les écraser, et les déposer sur les légumes, les détacher doucement, parsemer de sel et des brins de vert de fenouil coupés, arroser avec un peu d'huile d'olive, le jus d'un citron.

Servir avec la quinoa décorée de brins d'aneth et miettes de potimarron.

Pour un repas raffiné, semez de quelques fines raclures de peau d'orange fraîche passée à la vapeur, ou confite...

Filets de morue au naturel, sauce algéroise

- Soit un gros filet de morue dessalé 24 h en changeant au moins 6 fois l'eau
- Soit des filets de cabillaud frais
- Huile d'olive macérée avec une belle branche de fenouil en graines
- Ou huile d'olive et fenouil en grains

Passer la morue à la vapeur 10 à 15' selon épaisseur, elle doit rester ferme et ne pas s'effriter.

Servir avec un couscous ou boulgour cuit vapeur, garni de rondelles de poireau passées 3' à la vapeur, avec la bouteille d'huile macérée au fenouil, ou une saucière où seront mélangés fenouil pilé et huile d'olive.

Huîtres pochées à la vapeur

L'huître est un aliment de référence, elle concentre tous les minéraux que rassemble la mer, c'est le plus naturel des compléments alimentaires et un fortifiant reconnu depuis la nuit des temps. C'est elle en particulier qui apporte les taux les plus importants de zinc, nutriment nécessaire à la coagulation et à l'équilibre hormonal, mais aussi du fer en quantité et des acides gras poly insaturés. Pour les paresseux ou les pains fragiles, plus besoin de les ouvrir avec peine : il suffit de les mettre 3' dans le tamis du cuit vapeur et elles s'ouvriront toutes seules. Mais sortez-les vite et ne les laissez pas se racornir !

– 6 huîtres par personne
– 2 échalotes moyennes
– 1 bouquet de persil
– Sel, vinaigre balsamique, huile d'olive.

Préparer une sauce avec les échalotes coupées en petits morceaux et salées, le persil coupé fin aux ciseaux, le vinaigre balsamique et l'huile d'olive.

Déposer les huîtres côte à côte sur le tamis, laisser s'ouvrir 3', retirer et déposer sur un plat, garni d'1 c. à café de sauce aux échalotes.

Jeunes loups de Mer aux alliacés

– 1kg de petits loups de Méditerranée sauvages
– 1 poireau
– 1 gros oignon blanc
– 2 oignons frais avec fanes
– 2 échalotes
– 4 gousses d'ail frais
– 2 ou 3 branches de persil
– 2 ou 3 branches de basilic ou aneth
– Sel, 4 cuillerées à soupe d'huile d'olive

Vider et écailler les jeunes loups, les mettre à la vapeur à petite ébullition, 5 à 10 minutes selon grosseur en surveillant : dès que les filets se séparent de la queue, les retirer et déposer dans un plat creux posé sur une marmite d'eau chaude. Pendant qu'ils cuisaient, vous avez lavé après les avoir fendus les poireaux, et coupé en rondelles minces. Éplucher ensuite les oignons et échalotes, couper en lamelles, laver et couper les oignons frais et réserver les fanes. Mettre les légumes dans le cuit vapeur cinq à sept minutes, pendant lesquelles vous détacherez les filets des loups, et les rangerez en cercle autour du plat. Verser au milieu les légumes juste cuits, assaisonner avec thym, sel, huile d'olive.

Éplucher les gousses d'ail, les hacher grossièrement et répandre sur le tout avec les herbes et les fanes coupées aux ciseaux.

Mélanger doucement, servez accompagné de petites pommes de terre vapeur avec peau, et d'un aïoli préparé à l'huile d'olive et à l'ail frais pilé, ou d'une mayonnaise au basilic, toujours à l'huile d'olive.

Mêlée marinière aux légumes verts

– 1 ou 2 poireaux
– 1 ou 2 courgettes
– 1 filet de saumon, 1 de rascasse , 2 de maquereau, frais
– 1 sachet de moules surgelées passées à l'eau
– + thym, coriandre, baies roses ou genièvre
– 3 cuillères de jus de citron
– 3 cuillères d'huile d'olive

Laver les poireaux fendus de bas en haut, couper en rondelles, ainsi que les courgettes fendues en quatre puis coupées en morceaux. Cuire 5' à la vapeur douce, puis retirer et verser dans une cocotte, couvrir après assaisonnement au sel, thym, et à l'huile d'olive.

Cuire les filets de saumon, rascasse et maquereau 5' environ : les filets se détachent et le saumon reste rosé et ferme à cœur. Verser sur les légumes et détacher ou couper en morceaux. Passer les moules surgelées 2 à 3' à la vapeur, ajouter au reste. Asaissonnez de nouveau avec thym et sel, puis ajouter graines de coriandre et baies roses, le jus de citron, un filet d'huile d'olive. Mélanger doucement, servir avec un riz basmati.

Les Moules de Marie dans leur bain de légumes

– 2 litres de moules fraîches
– 1 carotte
– 1 oignon
– 1 gros poireau
– 1 tasse de petits pois extra-fins ou de pois cassés trempés 2h
– 1 belle branche de céleri
– 1 tomate
– 1 petite courgette
– thym, 2 gousses d'ail, 2 c. à soupe d'huile d'olive

Laver, couper, vos légumes en petits morceaux, le céleri et le poireau en rondelles, mettre sur la grille du cuit vapeur les carottes et pois 5mn, puis ajouter oignon, céleri, tomate, courgette, 5 minutes de plus. Pendant ce temps laver vos moules.

Retirer les légumes. Poser la soupière, bain marie du saladier inox après retrait de la passoire, sur la marmite en pleine ébullition, y mettre thym, huile d'olive, ail coupé, et fermer 5 minutes ; puis jeter les moules dans le mélange et les mêler aux herbes, couvrir 5', remuer de nouveau, ajouter les légumes, mélanger, laisser chauffer 10 minutes, mélanger encore, couvrir et arrêter le feu.

Servir avec pommes vapeur nature ou riz.

Steak moelleux de Thon frais

Le thon se mange saignant comme une viande rouge, il y gagne en tendresse et moelleux, et digestibilité.

– Filet de thon frais
– 1 gros oignon violet
– 2 tomates
– 1 aubergine
– Thym, sel gris, vinaigre balsamique
– Huile d'olive

Préparer l'oignon en tranches fines, le saler et laisser de côté. Couper le thon, débarrassé de sa peau et son arête, en tranches épaisses dans la longueur, mettre au cuit vapeur (en pleine vapeur) trois minutes de chaque côté, la viande de thon doit rester bien rouge comme un steak de bœuf ; puis déposer dans une sauteuse préalablement chauffée (feu coupé) avec thym, huile d'olive, sel ; passer l'aubergine en tranches fines, puis les tomates en tranches épaisses, 5' à la vapeur et les disposer sur et autour du thon, napper d'huile d'olive ; garnir avec l'oignon coupé, l'arroser d'un filet d'huile d'olive, et d'un filet de vinaigre balsamique, saler, servir chaud.

7. Pains et galettes

a. *Les Pains*

Lorsqu'on ne peut manger de pain pour des raisons d'intolérances, ou bien si l'on veut faire un petit déjeuner, un goûter, ou encore accompagner un dîner, un peu original, il est possible de faire du pain rapide, cuit à la vapeur douce, ou de le remplacer par des galettes, en utilisant des farines spéciales : sarrasin ou blé noir, riz complet, petit épeautre, mais encore de lentilles, quinoa, châtaignes, pois chiches, etc.

Pain vite fait

- 3 tasses de farine au choix (peuvent être mélangées)
- 1 tasse et demi d'eau
- 2 c. à soupe d'huile d'olive
- 2 pincées de sel gris
- 1 c. à café de levure chimique

Mélanger farine et levure, ajouter le sel, l'huile, et l'eau progressivement, jusqu'à obtenir une pâte souple, sans la travailler. Verser dans un moule à cake ou rond de taille adaptée au cuit vapeur, mettre à cuire à pleine vapeur jusqu'à ce que le cœur du pain soit cuit (environ 20 minutes selon grosseur, vérifier à la pointe du couteau).

Si l'on fait une pâte bien sèche en boule, il est possible de la mettre à cuire directement sur la grille du cuit vapeur, éventuellement sur un morceau de papier sulfurisé sans obturer les trous.

Pain fantaisie à la vapeur

– 3 tasses de farine de seigle
– 2 c. à soupe d'huile d'olive
– 1/2 c. à café de romarin en poudre
– 1/2 c. à café de sel gris
– 1 tasse et demi d'eau
– $^{1}/_{2}$ c. à café de levure boulangère ou chimique selon tolérance
– $^{1}/_{2}$ tasse d'olives dénoyautées, raisins secs, noix ou lardons passés à la vapeur

Mélanger la farine, le sel, le romarin, la levure ; ajouter l'huile d'olive puis l'eau (tiède) en remuant doucement, jusqu'à obtenir une pâte souple, ajouter la garniture choisie, mélanger, fariner et laisser reposer, 15' pour la levure chimique et 3 ou 4 h pour la levure boulangère. Faire des boules et les déposer sur la grille du cuit vapeur en ébullition, et laisser cuire 15 à 20'. Vérifier la cuisson avec la pointe du couteau. Dès qu'ils sont cuits, les retirer et les laisser refroidir et sécher sur une plaque. Conservation longue dans une boîte carrée fermée.

Pain de lentilles

- 2 tasses de farine de lentilles
- 2 tasses de farine de quinoa ou de petit épeautre
- 2 c. à soupe d'huile d'olive
- 3 pincées de sel gris
- 1/2 sachet de levure boulangère ou chimique selon tolérance
- 2 tasses d'eau tiède

Mélanger farines et levure, puis sel et huile et ajouter en pétrissant l'eau jusqu'à obtenir une pâte souple. Saupoudrer de farine puis laisser reposer, et lever (le mieux est 6 heures à l'avance pour que les effets de la levée de la pâte soient complets : développement des vitamines B).

Mettre en boule farinée et déposer dans un moule, cuire dans le cuit vapeur 20 à 30'selon préférence d'une pâte tendre ou plus cuite : vérifier la cuisson avec un couteau.

Sortir le pain et le laisser sécher à l'air libre pour former une croûte.

Riche en fer, en magnésium et en vitamines B, ce pain accompagne chaleureusement crèmes de foies de volailles, omelettes aux herbes, petites salades, crème d'épinards à la grecque, et tous fromages de chèvre ou de brebis bien faits...

b. Les Galettes

> *Les galettes, comme le pain, peuvent se faire avec un mélange de plusieurs farines, et en y ajoutant fruits secs ou graines selon les goûts ou les besoins en minéraux.*

Galettes aux trois Farines

(sarrasin, petit épeautre, et quinoa, lentilles, châtaignes, ou autre)

– 1 tasse de chaque farine (3 en tout)
– 2 tasses d'eau
– 2 c. à soupe d'huile d'olive
– 1 c. à café de levure
– sel gris

Mélanger farine, levure, sel, ajouter huile et eau en remuant doucement, laisser reposer. Elle doit avoir la consistance d'une pâte à crèpe très épaisse, ou à blinis.

Avec une grande cuiller, verser 1 c. ou plus de pâte sur une plaque posée sur le cuit vapeur en pleine ébullition (ou une poêle à feu doux), sur une goutte d'huile ; lorsque de petites bulles apparaissent et le tour se dessèche, retourner à l'aide d'une spatule, le dessus étant encore crémeux. Laisser trois ou quatre minutes, faire glisser la galette sur une assiette posée sur un récipient d'eau chaude ; recouvrir d'un bol inox pour tenir chaud. Les servir soit comme pain, soit accompagnées d'une crème de persil, d'avocat, de foies de volailles, ou accompagnées d'une compote vapeur (rhubarbe, pêche, pomme ou poire), d'une crème ou salade de fruits, d'une fondue de chocolat.

Galettes enrichies aux graines et fruits secs

– 1 tasse de Farine de sarrasi
– 1 tasse de quinoa
– 1 tasse de Farine de châtaigne
– 2 tasses d'eau
– $^1/_2$ verre de graines de sésame, noisettes et noix pilées
– 1 poignée de raisins secs
– 2 c. à soupe d'huile d'olive
– 2 pincées de sel
– 1 c. à café de levure chimique

Procéder comme pour la recette précédente : ces galettes sont très indiquées pour **reminéraliser** et **tonifier** les convalescents, fatigués, étudiants, ou personnes âgées dont l'alimentation est souvent très limitée et pauvre nutritionnellement. Il est important de les cuire à feu très doux et ne pas les griller.

8. Desserts

> ***Les meilleurs desserts sont faits de fruits**, associés en couleurs complémentaires ; ils doivent être frais et non cuits pour que leurs apports soient optimisés ; cependant on peut avoir à cuire certains fruits pour diverses raisons de maturité ou de disponibilité, et parfois quelques fruits cuits en saison peuvent faire un complément utile pour un dîner, en accompagnement d'un plat ou d'un gâteau : il importe qu'ils aient été cuits de la manière la plus douce, et accommodés avec de bons sucres.*

a. *Fruits*

Bananes des Alizés

– 1 banane par personne
– 1 c. à soupe de sirop batterie/personne, ou de miel
– jus de citron vert pressé

Éplucher les bananes, les couper dans la longueur et les disposer sur des assiettes.

Dans un bol, mélanger sirop « batterie » ou miel (liquide) et jus de citron vert (le jus d'un citron pour 3 ou 4 parts), et napper les bananes. Décorer de feuilles de verveine fraîche ou de menthe, et de copeaux de peau de citron vert.

Brousse de brebis à la Crème de pruneaux

– 1 pot de brousse de brebis
– 100g de pruneaux dénoyautés
– Miel naturellement liquide (acacia, châtaigner...)

Passer les pruneaux 5’ à la vapeur pour les réhydrater, plus si nécessaire. Les hacher en crème avec un petit demi verre de vin muscat. Servir chaque assiette à dessert garnie d’une bonne cuillerée à soupe de brousse, accompagnée d’une ou deux cuillerées à café de crème de pruneaux, le tout nappé de quelques coulées de miel liquide.

Compote d'oranges au miel et pignons

– 4 oranges douces (maltaises...)
– 3 c. à soupe de sucre complet
– 2 c. à soupe de miel
– 1 c. à soupe de pignons
– 1 poignée de raisins secs
– 1 pincée de sel gris

Couper les oranges sans les éplucher, en deux, les cuire 5mn au cuit vapeur, entourées des raisins secs. Hacher grossièrement les oranges, mélanger au sucre, miel et aux pignons ; saler, ajouter les raisins, mêler doucement, servir tiède ou frais avec galettes, pain d'épices ou gâteau. Peut relever une volaille : canard ou pintade, cuits vapeur.

Confiture légère aux pêches blanches

– 2 kgs de pêches blanches avec leur peau
– 1kg de sucre complet ou roux

Laver sous un filet d'eau courante les pêches en les frottant doucement pour enlever le duvet de leur peau ; couper les pêches en deux ou quatre, enlever le noyau mais non la peau. Passer 5' à la vapeur douce puis verser dans une grande marmite et recouvrir de sucre, mettre à tout petit feu à fondre, tourner doucement de temps en temps. Lorsque le sucre est fondu, les morceaux de pêche transparents et que le mélange commence à frémir, donner quelques coups de mixer plongeur jusqu'à obtenir un mélange relativement homogène. Laisser monter à toute petite ébullition 15', puis remplir les pots préalablement chauffés à eau très chaude ou ébouillantés ; dès qu'un pot est rempli, le fermer avec un couvercle bien propre en veillant à ce que le bord du pot ne soit pas recouvert d'un peu de confiture, fermer et laisser refroidir. Rincer et stocker. Tout pot entamé doit être conservé au frigo, ou laissé sans couvercle et consommé rapidement pour ne pas fermenter. Si un pot fermente, le recuire ; s'il moisit, enlever la partie moisie et recuire le reste (quelques minutes d'ébullition suffisent).

Accompagne petits déjeuners, goûters, mais aussi plats fins et viandes blanches, et fromages de brebis type frais (caillé, brousse, yoghourt) ou sec (tomme au lait cru).

Crème de Patates douces à la vanille et aux amandes

– 1 patate douce moyenne par personne (préférer celles à chair orange, plus riche en carotène)
– 1 sachet ou deux de sucre vanillé naturel (vanille bourbon, sucre roux), ou une demi-gousse hâchée
– Sucre complet (Rapadura, Mascobado, mélasse, etc.)

Bien brosser les patates douces sous l'eau, enlever les extrémités et les « yeux » et autres imperfections de la peau. Couper en tranche et cuire à la vapeur douce (entre 5 et 10', lorsque le couteau s'enfonce dans la chair moelleuse). Verser dans une terrine, additionner de sucre (environ 2 ou 3 c. à soupe) et de vanille, et mélanger en crème au mixer. Rien n'empêche de laisser la peau une fois bien lavée et cuite à la vapeur douce, surtout si elles sont bio. Servir garnie d'amandes effilées, ou en poudre mêlées d'1/3 de sucre complet.

Flan de noisettes aux abricots

- $^1/_2$ litre d'eau douce
- 4 c. à soupe de lait en poudre de noisettes
- $^1/_2$ tasse de noisettes pilées
- 1 sachet de sucre brun vanillé
- 2 c. à soupe de sucre complet
- 1 à 2 pincées de sel brut
- 4 œufs bien frais fermiers
- 100g d'abricots secs ou 200g frais dénoyautés

Passer les abricots secs bien ouverts à la vapeur douce, pour les réhydrater et évacuer les éventuels conservateurs (ceux qui sont bien orangés : les bio sont bruns) ; les mettre à part dans un bol avec une partie de l'eau. Verser dans une casserole l'eau, faire chauffer doucement. Ajouter le lait de noisette en poudre, délayer, puis le sucre et le sucre vanillé, les noisettes pilées : bien remuer pour diluer le sucre. Ajouter l'eau de trempage des abricots et remuer doucement. Lorsque le mélange frémit, couper la source de chaleur : battre les œufs à part dans un saladier, puis verser doucement en même temps le liquide. Déposer les abricots dans un moule rond de taille moyenne entrant dans le cuit vapeur, couvrir avec le mélange, et placer à l'intérieur du cuit-vapeur en recouvrant d'une assiette renversée dont les bords dépassent, ou de papier alu. Fermer avec le couvercle et laisser prendre 15 à 20' puis couper et laisser refroidir à couvert.

Fruits cuits à la vanille Bourbon

– 2 pommes reinettes
– 2 poires
– 1 orange, 1 banane
– 1 tasse de raisins secs
– $^{1}/_{2}$ tasse de pignons

Garniture :
– 3 c. à soupe de sucre rapadura
– 1 tasse d'amandes pilées
– Vanille en poudre

Laver soigneusement et couper en quartiers sans éplucher les pommes et les poires, ôter le cœur : sur la grille du cuit vapeur, étaler les raisins et les pignons ; disposer en étoile les quartiers, peau en surface ; laisser cuire 5' ; ajouter les oranges en tranches avec peau, et les bananes en rondelles, laisser encore 5' à la vapeur. Lorsque les pommes moussent, ôter le couvercle, placer un plat à l'envers sur la grille, maintenez-le avec les pouces en tenant les poignées de la grille du cuit vapeur et retourner le tout : les fruits se trouvent retournés avec les fruits secs en surface, il ne reste plus qu'à saupoudrer du mélange amandes pliées, sucre complet et vanille. Délicieux avec un gâteau moelleux aux amandes ou des galettes chaudes.

Poires pochées Jacques Cartier

– 1 belle poire Comice ou Passe Crassane pour 2 personnes, ou 1 par personne
– Sirop d'érable

Garniture :
– Quelques morceaux de châtaignes ou de noix brisées
– Une ou deux feuilles d'oranger ou menthe...

Bien laver puis couper en deux les poires, ôter le cœur et la tige intérieure. Les cuire 10' à la vapeur douce, les retirer et déposer chaque moitié sur une assiette, laisser refroidir. Avant de servir, napper de sirop d'érable et garnir de brisures de châtaignes ou de noix, décorer d'une feuille verte.

b. Gâteaux

Là encore, la surprise est totale : ***des gâteaux, à la vapeur ?*** *Et pourquoi non, puisque les Chinois cuisent les leurs et leurs pains de cette façon ?*

Les gâteaux sont un remords de santé permanent : trop de graisse ? Mais faites-les donc à l'huile d'olive, très digeste et aux acides gras bénéfiques ! Trop de sucres à indice glucidique élevé ? Mais prenez donc du sucre naturel, dit brut ou intégral qui équilibre sucres et minéraux (il a beaucoup plus de goût, donc on en met moins), ou encore plus naturel, du miel, aliment-soin riche en nutriments et sucres fermentescibles ! Si l'on ajoute que la cuisson trop forte transforme les bons sucres (fructose, maltose, lactose, ...) en sucres à Indice Glucidique Élevé, vous pourrez alors mieux comprendre l'intérêt de la vapeur douce

A la vapeur les farines et sucres complets ou intégraux ont une couleur ambrée naturelle et un moelleux très agréable, pas d'odeurs de brûlé qui défigurent les saveurs, et l'on jongle avec les ingrédients redécouverts (huile d'olive, noix, amandes, noisettes, châtaignes, et toutes les farines aujourd'hui à notre disposition) pour le plus grand plaisir et le mieux être de tous.

Et pour leur donner tout leur relief, accompagnez-les de salades et crèmes de fruits frais, compotes vapeur, ou de caillés frais de brebis ou de chèvre !

Fondant de Châtaignes et noix

- 1 tasse 1/2 de farine de sarrasin
- 1 tasse 1/2 de farine de châtaigne
- 2 œufs
- 1 tasse de sucre complet
- 1 tasse d'eau
- $^1/_2$ tasse de poudre d'amandes
- $^1/_2$ tasse d'huile d'olive
- 2 pincées de sel
- $^1/_2$ sachet de levure

Dans une terrine mélanger les deux farines, sucre et sel ainsi que la poudre d'amandes avec la levure. Casser les œufs, ajouter l'huile et l'eau, mélanger doucement en partant du centre, jusqu'à obtenir une crème bien onctueuse ; verser dans un moule rond, poser sur un emporte-pièce pour éviter de boucher les trous du tamis, et laisser cuire 10' à la vapeur douce. Vous pouvez le cuire dans un moule à cake, la cuisson sera un peu plus longue. Pour apporter tout son moelleux, ce gâteau doit rester peu cuit à cœur.

Gâteau d'abricots aux amandes

– 1 tasse de farine de quinoa
– 1 tasse de farine de petit épeautre
– 1 tasse de farine de seigle
– 1 tasse de sucre complet
– 2 œufs
– $^1/_2$ tasse d'amandes pilées
– $^1/_2$ tasse d'huile d'olive
– 1 tasse d'abricots secs
– 2 pincées de sel
– $^1/_2$ c. à café de levure

Dans une terrine, mélanger les farines, les amandes pilées grossièrement, le sucre, le sel, la levure, puis ajouter huile, œufs. Passer les abricots, entiers, 5' à la vapeur, ajouter au mélange. Verser dans un moule rond et poser dans le cuit vapeur sur un emporte pièce ou rond pour libérer les trous. Laisser cuire 15', puis sortir et mettre à reposer sur un plat rond couvert d'un saladier. Servir garni d'une confiture ou d'une compote d'abricots maison, parsemé d'amandes effilées.

Gâteau aux lentilles

- 1 tasse farine de lentilles
- 1 tasse farine de châtaignes
- 1 tasse de farine de quinoa
- 2 œufs
- 2 pincées de sel gris
- $^1/_2$ tasse de raisins secs vapeur
- $^1/_2$ tasse de sucre complet
- $^1/_2$ tasse d'huile d'olive
- 1 tasse $^1/_2$ d'eau
- 1 c. à soupe de graines de sésame
- $^1/_2$ sachet de levure

Mélanger les farines, la levure, le sucre, le sel, le sésame, puis ajoutez l'huile et les œufs, l'eau, bien battre ensemble.

Verser dans un moule à savarin et mettre à cuire à la vapeur environ 20', vérifier avec une lame de couteau : dès que le gâteau est cuit (ne laisse plus de traces crémeuses sur la lame), sortir le moule et le renverser sur un plat. Laisser refroidir puis secouer pour démouler, on peut garnir le centre du gâteau de fruits ou compote, et le dessus de sucre complet et graines de sésame.

Servir avec une compote de rhubarbe ou d'orange.

Gâteau moelleux aux amandes

– 2 tasses de farine de petit épeautre
– 1 tasse de farine de châtaignes
– 2 œufs, 1 grosse poignée de raisins secs
– $^1/_2$ tasse de poudre (ou lait en poudre) d'amandes
– 2 c. à soupe d'amandes pilées grossièrement
– 1 tasse de sucre complet
– 1 tasse et demi d'eau
– 1 c. à café de vanille en poudre
– $^1/_2$ tasse d'huile d'olive
– 1 c. à café de levure
– 2 pincées de sel gris

Garniture :
– 2 pommes, 1 tasse de raisins secs, amandes pilées, sucre brut

Mettre à chauffer le cuit vapeur. Mélanger farines, levure, sel, sucre, amandes et vanille, ajouter les œufs, l'huile et remuer doucement en ajoutant l'eau progressivement, la pâte doit être épaisse et lisse, passer les raisins à la vapeur 3' et les ajouter au mélange.

Verser dans un moule rond légèrement graissé à l'huile d'olive, déposer le moule sur un cercle (emporte-pièce, ou 2 ou 3 ronds de serviette) pour ne pas obturer les trous, dans le tamis du cuit vapeur ; couvrir et laisser cuire 15', sortir et refroidir avant de démouler sur un plat rond.

Servir avec pommes coupées en huit et raisins, passés à la vapeur et un mélange de sucre complet et amandes pilées, ou salade de poires à la vanille.

CONCLUSION

Ces recettes assorties de conseils font suite à toute une pédagogie[1] *qui n'a pour but que d'aider à* ***mettre en place des habitudes et une logique de nutrition simple, mais variée****. Nous avons utilisé pour ce faire toutes les ressources nouvelles que nous apporte notre civilisation d'échanges et de découvertes, mais aussi les valeurs sûres de nos propres racines, en apprenant à préserver ou améliorer leurs qualités nutritionnelles et notre propre capital de santé grâce à la meilleure technique de cuisson que l'homme ait apprivoisée au cours de sa longue évolution technologique.*

Le cadeau supplémentaire, la belle surprise immédiate, ce sont les couleurs et les saveurs, ainsi que les parfums, qui se révèlent à nous comme nous ne les avons jamais sentis ! Je vous souhaite le plus grand plaisir à suivre ces quelques idées gourmandes qui j'espère vous en donneront bien d'autres, avec le goût de créer et donner du plaisir, en famille et tout autour de vous.

---

1. Cf « Guide Pratique de Gastronomie Familiale, l'Art et le Plaisir pour la Santé », éd FX de Guibert, 2002.

Achevé d'imprimer en février 2007
sur les presses de la Nouvelle Imprimerie Laballery
58500 Clamecy
Dépôt légal : février 2007
Numéro d'impression : 701203

Imprimé en France